《百年巨匠》编委会

总 顾 问：蔡 武　胡振民　龚心瀚　王文章　胡占凡

顾　　问：靳尚谊　范迪安　王明明　吴为山　沈 鹏　苏士澍

　　　　　吕章申　尚长荣　蓝天野　濮存昕　傅庚辰　莫 言

　　　　　傅熹年　张锦秋　张保庆　顾明远　张伯礼　黄璐琦

　　　　　杜祥琬　齐 让　鲁 光

《百年巨匠·教育体育篇》编委会

学术指导：王学军　方惠坚　刘璐璐　李 祥　宋以庆

　　　　　张 健　陈洪捷　商金林　储朝晖（按姓氏笔画排序）

主　 任：袁小平　杨京岛

主　 编：陈 宏

编　 委：陈汝杰　李萍萍

统　 筹：裴永忠　梁 辉　董思远　杨 洋　王晓红　李逸辰

编 辑 组：蔡莉莉　曾 丹　金美辰　杨 珺　王慧雅　张栩彤

纪录片编导组：刘卫国　刘占国　刘立钢　孙秀峰　吴静姣　张建中

　　　　　　　贾 娟　高 天　郭 鹏　郭奎永（按姓氏笔画排序）

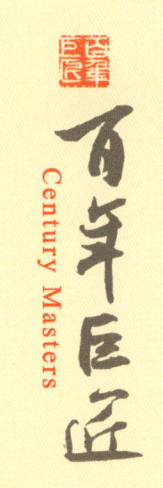

百年巨匠
Century Masters

黄炎培

陈宏　曾丹　郭奎永 ◎ 编著

外文出版社
FOREIGN LANGUAGES PRESS

黄炎培／力争 作

天仙子·黄炎培

黄浦江头星璀璀,
却化忧国山河泪。
开发民智尽平生,
除鬼魅,终不悔,
拯救倒悬职业会。
曾记延安窑洞对,
抚掌笑谈灯花美。
金针广度在人人,
万人会,教无类,
巧手技能千般备。

凯文 词

宣传巨匠推广大师 为时代树立标杆

蔡武

原文化部部长 《百年巨匠》总顾问

文化精品创作工程包括重大出版工程、影视精品工程。《百年巨匠》就是跨界融合的一个重大文化工程，它深具创意，立意高远，选题准确、全面，极富特色，内容精彩纷呈，内涵博大精深，基本涵盖了我国20世纪这一特定历史时期在文学艺术方面的成就及其代表人物。它讲述的不仅仅是各位巨匠的传奇人生，更是他们的文学艺术成就同民族、国家，同历史、文化，同当代世界，同20世纪风云激荡的年代，以及同人民的命运都是紧密相连的。他们的成就对整个社会产生了重要而深远的影响。因此，立足21世纪的当今，系统全面科学解读巨匠人生与大师艺术，有着特殊而积极的意义，是社会和时代的要求。

作为一个有影响力的文化品牌，《百年巨匠》的表现形式也是多样的。《百年巨匠》丛书和纪录片互动互补，是出版界与影视界的跨界合作与融合发展，形成了叠加影响和联动效应，进一步丰富和扩大了品牌的内涵和外延。在信息社会"四屏"时代，用这样的一种方式来表达重大深刻的主题，具有重大的创新意义，是对中华优秀文化传承发展进行创造性转化、创新性发展的成功探索。体现出强烈的历史感、时代性、民族性，具有鲜明的中国特色，必将产生深远的影响。

　　一个民族自立于世界民族之林，离不开民族的自信心与自尊心。而民族的自信心和自尊心有其思想基础和人文轨迹，即对民族文化的重要代表人物和优秀传统应当有比较全面的了解并进行广泛传播。一个国家的历史需要记录，文化艺术同样如此。《百年巨匠》丛书秉承文献性、真实性、生动性原则，客观还原大师原貌，以更为宏阔的历史维度对大师们所经历的时代给予不同视角的再现和解读，为读者开启一扇连接20世纪中国近现代文化艺术史的大门。

　　巨匠们的艺术成就、人生经历、精神高度，彰显了中华民族文化在这个时代所能达到的高度，不仅有文学艺术上和文化史上的价值，而且有人文思想美学上的划时代性贡献。《百年巨匠》可以增强我们的文化自信和实现中华民族伟大复兴的意志。

　　《百年巨匠》还有一个重要意义，它能够激励我们后来人砥砺奋进，勇攀高峰。这些文化艺术巨匠有着深厚的爱国情怀和强烈的民族责任感，他们将个人荣辱兴衰与国家、民族命运联系起来，用文化艺术去改变现实，实现理想。在新旧道德剧烈冲撞中，他们所表现出来的高风亮节是后来人的楷模。他们所传导出的强大正能量，会激励一代又一代广大读者，对促进我们整个民族新一代的教育与成长，有着非常重要的启迪意义。他们的精神是引领和鼓舞我们再出发的航标与风帆。

　　《百年巨匠》也给了我们很多的启示，可以帮助我们回答和破解"钱学森之问"。20世纪产生了那么多的大师，新世纪、新时期我们应该如何助推产生出新的大师？这些巨匠的成长轨迹给我们揭示了大师们成长的规律，如要深具家国情怀，要胸怀高远理想；要深深扎根于人民，与人民同呼吸共命运；既继承民族优秀传统文化，又要勇于创新；并以非常包容的心态去拥抱一切文明成果等。

《百年巨匠》仅反映了20世纪百年的文化形态和人文生态，我们应该把这个事业延续下去，面向21世纪。对艺术大师的发掘是通过他们的作品来体现的，而他们的作品既是中华文化的传承，又进一步丰富、创新了中华文化的构成。从这个意义上讲，宣传这些艺术巨匠就是弘扬中华文化。这些艺术巨匠作为中国名片，拥有较强的国际影响力，这一工程的推进，可以有效推动中华文化和中国出版走出去。不仅仅局限于艺术领域，还可以从广度上、外延上扩大至整个文化领域，甚至把科技、教育等领域的巨匠们也挖掘展示出来。

一个国家文化事业的繁荣与发展，既需要广大艺术家的努力，也需要大师巨匠的引领。宣传巨匠，推广大师，为时代树立标杆，无疑是我们责无旁贷的历史责任。巨匠之所以是巨匠，大师之所以能成为大师，是因为他们以具有强烈时代感和创新精神的作品站在了巅峰。而他们巨作的背后，是令人钦佩的工匠精神，这种工匠精神的发掘和弘扬在当下具有重要的现实意义。同时，这百年的文学艺术史已有的众多成果，从学术上也要系统总结。而长期以来一直困扰我们的一大难题，就是如何把这些重要的学术研究成果进行转化和再创造，使之成为可被大众接受、雅俗共赏的精品佳作。从这个意义上讲，《百年巨匠》丛书的出版也是非常值得赞许的。

当前，我们的文化艺术事业虽然取得了长足的进步，但是相对于时代的重任，人民的厚望，尚有作品趋势跟风、原创性匮乏、模仿严重等问题，希冀大家在《百年巨匠》作品中得到更多的启迪和感悟。

我们国家正处在重要的历史时期，为我们文艺创作提供了丰沃的土壤和广阔的空间。中华民族的伟大复兴，呼唤一切有为的文艺工作者，为繁荣中国特色社会主义文化、建设社会主义文化强国，奉献毕生的才华和创作热情，将高度的社会责任感和历史使命感化作文艺创作的巨大动力，创作出无愧于时代、无愧于祖国和人民的优秀文艺作品，让我们这个时代的文艺创作异彩纷呈，光耀世界。

弦歌不辍 薪火相传

——《百年巨匠·教育体育篇》丛书序

袁小平

中国教育电视台台长
中国广播电视社会组织联合会副会长

如果说文明是一条奔流不息的大河,那么教育就是文明的河床。国人对教育的重视与五千年文明史相伴始终,从春秋时期的诸子百家到顾炎武、王夫之等近代学者,教育先贤们构筑起中国古代独具特色的思想教育体系,在一次次选择和传承中,对社会和文化发展产生了深远影响。

教育不仅在选择和传递文化,同时也在创造和更新文化。近代以来,中国的教育家群体一直面临两个不容回避的问题:一是如何适应世界教育发展趋势,服务于"教育救国"需要,建立近代意义上的教育体系;二是如何保持教育的民族性,建立中国化的现代教育体系。

面对时代赋予的重任,蔡元培、张伯苓、陶行知、蒋南翔、吴玉章、马约翰、叶圣陶等教育大家各抒己见,创造出中国近现代教育一个百家争鸣的开端:蔡元培的"思想自由、兼容并包"、张伯苓的"允公允能,日新月异"、陶行知的"生活即教育,教育即生活"、黄炎培的"大职业教育主义"、蒋南翔的"为祖国健康工作五十年"……

这些主张有的直指"读书只为考取功名"的传统功利思想，有的努力破除知识只被少数人掌握的藩篱，有的激励救国热情，有的深刻影响着中国体育教育发展……他们在国家蒙辱、人民蒙难、文明蒙尘的至暗时刻，写下中国教育由传统向现代转型的开篇，照亮了中国教育的前行方向。时至今日，我们仍能看见这些教育思想流淌在小学、中学、大学的课堂内外，流淌在办学模式、管理体制、保障机制等方方面面，流淌在国人对教育的美好愿景中，为建设高质量教育体系、发展素质教育、促进教育公平输送着源源不断的灵感。

世界正面临百年未有之大变局。当我们又一次站在历史的十字路口，新时代新征程的使命任务促使我们去思考，培养什么人、怎样培养人、为谁培养人。而对于每一个关心教育领域、渴望获得教育亦或躬耕教育事业的人，教育先贤们简单的一句话，或是简短的一个故事，都可能成为我们与历史和时代共鸣的契机。

社会变迁、文明转型带来了日新月异的变化，也给教育带来了更大挑战。即使是在今天，中国已经建成了世界上规模最大的教育体系，也不得不承认仍有许多问题需要去回答、去实践。正因为如此，回望来路才显得格外富有意义。

诚然，世界上没有可以奉为圭臬的金科玉律，丰富的教育遗产也需要客观评估，取其精华，创造性地继承和使用。但可以肯定的是，蔡元培、张伯苓、蒋南翔、吴玉章、陶行知等教育先贤们的精神和他们把个人教育理想融入民族历史进程的实践，足以激励后来者不断向前，以无限智慧和勇气直面今天教育发展中的诸多问题。

投身教育事业的人众多，为何他们能称为巨匠？不仅在于他们在教育现代化转型中拓荒先行，也不仅在于他们的教育思想仍然熠熠生辉，还在于他们身上"心有家国情怀、肩挑国家责任"的教育风范仍然山高水长。

为深入贯彻落实习近平总书记关于教育家精神的重要讲话精神，中国教育电视台联合中国文学艺术界联合会、中国文学艺术基金会、百年巨匠（北京）文化传播有限公司，策划制作了弘扬教育家精神的大型人物传记纪录片《百年巨匠·教育体育篇》。该片于2024年全国两会期间，从3月4日起在中国教育电视台晚间黄金时段重点播出，其后陆续在学习强国、中央广播电视总台等主流媒体播出。

纪录片《百年巨匠·教育体育篇》，讲述蔡元培、陶行知、黄炎培、吴玉章、叶圣陶、马约翰、蒋南翔、董守义等著名教育家（含体育教育家）的生平事迹、教育活动、教育思想、教育贡献、历史影响，以及对今天的启示，展示他们"学为人师，行为世范"的教育情操和人格魅力，讴歌他们教育救国、教育强国的家国情怀和理想信念。

本着对先辈的敬重和对历史的尊重，摄制组在拍摄之初就提出了"见人、见事、见物"的创作理念。制作团队走访了世界各地与纪录片《百年巨匠·教育体育篇》中人物有关的众多红色遗址、旧址及纪念设施，深入拍摄名师巨匠的故居、纪念馆，还专程拜访了相关的历史专家、研究员、亲历者，以及大师们的亲属和后人，通过实地走访与口述历史等方式，挖掘出大量具有生活温度、情感浓度以及思想深度的史料细节，并通过多种渠道拍摄、收集和整理了大量的文献资料、遗物、遗存。很多首度揭秘的珍贵历史档案，不仅让观众知晓了许多此前不为人知的历史细节，这些不为人知的幕后付出，也让这段历史故事不再只是一堆冷冰冰的资料，而是有了超越文学书籍和虚构影视作品的感染力与震撼力。由马约翰先生的夫人亲手缝制的西南联大唯一的一面校旗，仍然珍藏在西南联大博物馆中，诉说着中国高等教育史上西南联大八年扎根边疆、学术报国的历史往事。

与目前反映教育家的多数作品不同的是，纪录片《百年巨匠·教育体育篇》注重讴歌对新中国高等教育作出重大探索和重要贡献的红色教育家，如吴玉章、蒋南翔等。第九届全国人大常委会副委员长彭珮云同志，在接受节目组采访时深情回忆："1953年，清华大学实施由蒋南翔先生提出建立的政治辅导员制度，并选出了25人担任政治辅导员。他们和学生同吃、同住、同学习，负责班级的日常思想政治工作和党团组织建设工作，这样既有利于密切联系学生，深入开展思想政治工作，引导学生努力做到'又红又专'，又为国家培养和输送了一批'又红又专'双肩挑的干部，南翔同志曾对他们说，年轻的时候做些思想政治工作，学些马列主义理论，将对终身有益。"曾任全国政协副主席的郝建秀曾回忆道："吴玉章校长给了我很多指导和帮助，他把我邀请到家中，专门做了重点辅导。"很多年后，当郝建秀一步步走上纺织工业部副部长、国家计划委员会副主任、全国政协副主席的岗位，这一段火热的求学时光无疑为一名年轻的纺织女工成长为共和国纺织工业的领导者铸造了坚实的教育之基。

教育乃"国之大者"。中国教育电视台作为唯一的国家级专业教育传媒平台，作为中国式现代化历史进程和中华民族现代文明建设的记录者、传承者、弘扬者，肩负着提高国民教育文化素质、促进广大青少年健康成长的使命。我们希望与其他合作机构一起让《百年巨匠·教育体育篇》能够成为一扇窗口，以有限的文字与影像，尽最大努力向世人展示教育大家们丰富的精神思想遗产。

故结此集，与读者共享共思。

重塑巨匠形象 重温巨匠精神

——《百年巨匠·教育体育篇》丛书出版说明

陈宏

《百年巨匠·教育体育篇》总编导

《百年巨匠·教育体育篇》丛书根据同名人物传记类纪录片拓展编著而成，目前正式推出关于蔡元培、陶行知、黄炎培、吴玉章、叶圣陶、马约翰、蒋南翔、张伯苓、董守义九位著名教育家（含体育教育家）的作品，讲述他们的生平事迹、教育活动、教育思想、教育贡献、历史影响以及对今天的启示，展示他们"学为人师，行为世范"的教育情操和人格魅力，讴歌他们教育救国、教育强国的家国情怀和理想信念。

一、背景意义

教育乃"国之大者"。教育在国家富强、民族振兴和社会发展中具有基础性地位；师者乃人类灵魂之工程师，承载着传播知识、播种文明和培根铸魂、塑造新人之时代重任。回望过去的一百年，特别是上个世纪的上半叶，教育在改造社会、教师在重塑国民的伟大社会革命实践中发挥了基础性和先导性作用。习近平总书记曾指出，教师是人类历史上最古老的职业之一，也是最伟大、最神圣的职业之一。在古代，孔子被推崇为"大成至圣先师"，被誉为"万世师表"。在中华民族文明发展史上，特别是在近现代百年来中国教育事业发展的历史进程中，英雄辈出，大师荟萃，涌现出许许多多辛勤耕耘、涉猎广博、造诣精深的"大师级"教育家，不同程度地推动了中国社会历史的发展。随着岁月的流逝，如何将他们的教育实践、教育思想、教育成果、大师精神保存和传承下去，构建系统丰富的中国教育名家大师的教育人生档案和思想精神宝库，并使之成为滋养广大青少年的精神文化财富，是一项具有重要意义的文化教育工程。鉴于此，中国文学艺术界联合会、中国文学艺术基金会、中国教育电视台与百年巨匠（北京）文化传播有限公司携手联合相关单位及机构，勇担历史赋予的责任和使命，组织教育领域和影视领域相关专家学者，站在继承和丰富中国传统教育文化的历史高度，汲取国际先进教育理念，共同策划制作播出了大型教育（含体育教育）题材人物传记类纪录片《百年巨匠·教育体育篇》，获得了中国电视金鹰奖等十余个奖项，在社会上引起广泛反响。重塑大师形象，重温大师精神。这套丛书就是基于该部大型系列纪录片的基本视角、基本结构、基本内容、基本理念，从百年巨匠的维度，用习近平新时代中国特色社会主义思想以及习近平总书记关于教育的重要讲话精神为指导来解读中国著名教育家（含体育教育家）的人物传记作品。

高山仰止，金鉴万代。用纪实美学的方式编著在教育界有重大影响、有卓越成就的名家大师，激活、唤醒、重塑他们的人文情怀、爱国精神和理想信念，具有重要的历史文献价值和社会时代价值。这是中国教育事业发展变迁的历史见证，是无数教育人智慧与汗水的结晶，是给后辈留下的珍贵遗产，也是展示国家民族文明进步的窗口。这些资源可以为校园思想政治教育提供珍贵的教材教案，可以为新时代造就有品德、有品格、有品位的"大先生"提供宝贵借鉴，可以为培养中华民族伟大复兴栋梁之材提供精神滋养。

二、编著原则

总的来说，《百年巨匠·教育体育篇》丛书脱胎于大型系列纪录片《百年巨匠》，因此，这套丛书首先要处理好承继性。电视纪录片《百年巨匠》及其各系列同名书籍由若干篇章构成，像建筑篇、艺术篇、音乐篇等等，这些作品在出品方的要求下，已经形成了统一的风格样式，因此本系列丛书在大的纪实风格样式上不去打破。其次是要坚持创新性。有继承，也应有创新。不同系列作品一波又一波的主创团队在尊重《百年巨匠》基本风格样式的基础上，又不同程度地加入了自己的创见。而且《百年巨匠》创作已逾十年，过去的十年和新的征程，既有历史的连续性，又有新的时代特征，创作者理应紧密把握时代发展大势和教育发展趋势，创作出回应时代关切的作品来。本系列的创新主要体现在"致广大而尽精微"：视野更加深远辽阔，观照中国历史和人类世界的教育大师和教育思想；谱写更加精准细腻，在教育强国、科技强国、数字中国、职业教育等领域发挥人物传记讲好中国故事、传播好中国声音的独特价值，使《百年巨匠》品质达到新高度。

具体来说遵循以下原则：

一是教育视角。丛书讲述的教育家（含体育教育家），他们大多具有多重身份，但这里主要讲述其教育身份的这一面，侧重从教育角度讲述他们的教育历程、教育理念和教育贡献，并从中勾勒出鲜明的性格特征，凸显其卓越的人格魅力、崇高的精神情操及深沉的家国情怀。对其教育身份产生重要影响的其他事迹也稍有涉及。

二是当代视角。任何历史都是当代史。充分运用最新前沿研究成果，挖掘和披露新的史料，用当代视角解读诠释这些教育家，力争在一定程度上填补历史空白，努力使该书对当下教育有启发；建立与当下生活的连接，注重引发年轻人的共情，用他们的教育情怀和精神情操引领、滋养今天的教育工作者和广大青少年学生。

三是准确权威。因为是在为国家民族巨匠画像，作品中的史料、提法、评述力求准确，经得起当下的和历史的检验。对转述其他专家评价，包括采访其亲属和身边工作人员的提法也力求翔实，避免对大师过分拔高，在定性表述上谨慎用词，并对别的文献中使用过的"之父、奠基者、开创者、唯一"提法，慎之又慎，多方考证再用。

三、创作风格

丛书采用人物传记体，进行具有创新性的纪实美学表达。每册统一体例，内容包括引子和主体故事，其中主体故事由若干小故事构成，形成有张力、有冲突、有温度、有思想韵味的人物传记。

将大师的个体人物历史融进国家史、民族史、教育史中，紧密联系当时的历史背景和时代特征，讲好家教与中国传统文化、传统教育以及国际教育理念的关系,增加文本的底蕴与厚度,着力表现他们在波澜壮阔的历史潮流中,献身于国家与民族的伟大情怀和创造精神。

聚焦大师人生历程的几个转折点,通过故事化、传奇性的叙述展现人物跌宕起伏的命运史诗。人物创作如果把握不好很容易沦为生平事迹的流水账式介绍,类似人物的"日记体"、年谱,同时,也不能变成艰深晦涩的学术罗列。要讲好故事,必须挖掘其人生历程中的人物命运感,凸显其悬念、冲突、戏剧性。当然,只讲故事不带出理念,也会使作品失去高度和特色。本书努力将理念寓于故事中,并使其成为推动故事进展的内在逻辑力量。

用艺术展示学术。坚持"用形象演绎逻辑、用艺术展示学术、用故事阐释言论、用客观表达主观"的原则,努力把隐形化、基因化、碎片化的学术观点、历史资料变成具象化、故事化的表达。以润物细无声的方式,将学术观点渗透到大量史料和感人的故事中,做到艺术性和学术性的有机统一:无生搬硬套之嫌,有水到渠成之妙。

人物生活化。改变对大师"高大全"形象的塑造,而是再现一个更加人性化、生活化的有血有肉的大师形象。力求将大师伟大的人格与细腻的情感统一在故事中,用以小见大、由近及远的表现形式梳理人生,展现大师的教育实践、人格魅力,让大师的故事更加贴近生活、贴近历史,在波澜壮阔的历史洪流中彰显大师的家国情怀与教育贡献,努力追求作品既反映历史真相又记录时代进程,使其具有较强的文献传承性、历史厚重感和时代感召力。

特别要说明的是,研究这九位大师的九位著名学者,他们既是同名纪录片的学术撰稿人，也是本系列丛书的学术指导。他们以专业的学术见地和学术态度为丛书贡献了甚至毕生的研究成果，其中中国教育科学研究院的储朝晖研究员作为本系列丛书学术专家的组织协调者付出了更多心血；同名纪录片的编导主创团队也为本书提供了大量一手采访素材，包括收集到的多种文献资料；九位大师的家人、亲友、同事、学生等，深情讲述了他们的故事，也为本书提供了若干史料。是大家共同谱写了九位大师的人生故事，共同奏响了九位大师的命运交响曲，在此一并表达谢意！还要感谢外文出版社的大力支持，感谢胡开敏社长的热情指导，感谢蔡莉莉主任高度的责任感和辛勤付出，使本系列丛书得以顺利付梓！

目　录

引　子　/ 1

第一章　成长之路　/ 5

第二章　教学启蒙　/ 13

第三章　川沙启航　/ 23

第四章　创办名校浦东中学　/ 33

第五章　实用教育蔚然成风　/ 41

第六章　教育考察寻病因　/ 51

第七章　使无业者有业，使有业者乐业　/ 61

第八章　创办中华职业学校　/ 73

第九章　中华教育改进社　/ 89

第十章　大职业教育主义的诞生　/ 99

第十一章　二度逃亡　/ 111

第十二章　开拓乡村职业教育　/ 119

第十三章　抗日救国的先声　/ 127

第十四章　国难来，我再生　/ 141

第十五章	战火中重生的职业教育	/ 149
第十六章	"卖烧饼"的和事佬	/ 161
第十七章	延安归来	/ 171
第十八章	天快亮了	/ 187
第十九章	在"化私为公"中摸索前行	/ 199
第二十章	函授教育的突围	/ 213
第二十一章	一分精神全为国,一寸光阴全为民	/ 219

| 参考书目 | / 231 |
| 编导手记 | / 232 |

百年巨匠 Century Masters 黄炎培 Huang Yanpei

引子

教育家黄炎培

引子

2023年3月25日上午，福建的闽江之畔，春雨霏霏。八方宾客行走在新雨洗礼下的石板路上，他们陆续汇聚到位于中岐山之麓的福建船政职业学院，参加第十一届中国大学生电视节职业教育系列活动的"职业教育传播能力建设主题论坛"。

福建船政交通职业学院前身为创办于1866年的中国近代官办第一所高等实业学堂——福建船政学堂，福建船政学堂开创了近代职业教育的先河，培养出如严复、詹天佑、邓世昌等众多仁人志士和民族英雄。

"船政的风帆时代，它的帆船都是两套帆的……"

就在举行论坛的同一栋楼里，福建船政交通职业学院的老师正在给学生讲授福船制造技艺，已有600年历史的造船技艺正在这所院校的青年学子手中延续。

这一天，不论是上课的学生还是参加论坛的职业教育工作者，都在致敬一个人，他就是中国近代职业教育的奠基人黄炎培。

"凡用教育方法，使人人获得生活的供给及乐趣，一面尽其对群之义务，此教育名曰职业教育。"这是黄炎培在百年前给职业教育作的定义。

时任教育部职业教育与成人教育司司长的陈子季在论坛的演讲中回溯了黄炎培的职业教育理念，也谈到了中共二十大报告中针对职业教育的核心内容。

中共二十大报告中指出,统筹职业教育、高等教育、继续教育协同创新,推进职普融通、产教融合、科教融汇,优化职业教育类型定位。这无疑明确了职业教育发展进入一个协同创新发展的历史阶段,而职业教育要与社会各界协同发展的特性,与近百年前黄炎培提出的大职业教育主义理念可谓异曲同工。黄炎培在20世纪初就提出,职业教育不仅仅是一个职业的教育,也不只是一个谋求个人发展的教育,这是一个需要各个方面来联动的教育。

中共十八大以来,党和政府高度重视发展职业教育,2022年,重新修订了已经颁布26年的《中华人民共和国职业教育法》,一些成熟的经验和新的理念也体现在这部职业教育的行动指南中。当我们在"高度重视""大力发展"现代职业教育的时候,仍然时常追念黄炎培在倡导和推广职业教育过程中的艰难历程。

一百多年前的中华大地上,新学与旧学产生激烈碰撞,各种救国思想纷至沓来。我们难以想象,黄炎培主张通过职业教育实现国富民强,曾经付出了多少艰辛,经历了多少风雨,才最终推动了中国职业教育在新旧交替的社会巨变中破土而出,破茧成蝶。

百年巨匠
Century Masters
黄炎培 Huang Yanpei

第一章 成长之路

川沙位于富饶的长江河口三角洲，北接长江，东面靠海，水陆交通发达，隶属江苏省松江府，称川沙厅，到了民国时期，才开始称县，后来归属上海市。很难想象，如今中国最为发达的上海市浦东新区，在一百年前还是一片渔村。内史第，位于上海浦东新区川沙新镇，这座古韵十足的三进宅院是典型的江南官宦宅第，1878年10月1日，黄炎培就出生在这里。

生来伴我菊花黄，拼共西风战一场。

温暖母怀忍回忆，呱呱三日便重阳。

黄炎培为纪念自己的出生之日写下了这首诗。内史第原是黄炎培的姑祖父、清咸丰九年（1859年）举人沈树镛的住宅，作为金石学家，沈家的宅第自然不凡。晚清著名学者俞樾曾赞叹："川沙沈家收藏金石之富甲于江南。"

得益于黄家与沈家的亲戚关系，黄家四代人都在这座书香宅院里生活。有趣的是，内史第不止走出了黄炎培这一位名家大师。1890年，这里第一进沿街的三间房里，迎来了一家不凡的租客——宋耀如夫妇，夫妻二人相继生下宋庆龄、宋子文、宋美龄。长宋庆龄15岁的黄炎培显然很注意这家人，黄炎培回忆道，"长到9岁，这邻家小姑娘就不见了"。

宋家来了两年后，川沙胡万和茶叶庄未满百日的小东家胡适，也

内史第

随母冯氏赁居于内史第前进的东侧厢房。冯氏怀抱着胡适只暂居了一年,母亲的感叹还是被儿子记到了暮年,"川沙是个鱼米之乡的好地方"。

且遥想一下1893年冬天内史第的热闹吧！当毛泽东在湖南韶山的农舍里呱呱坠地时,长江之尾的川沙内史第里,宋家正在准备1个月之后宋庆龄的周岁礼,胡适则刚度过两周岁生日,而15岁的黄炎培常在书房攻读经史,浑不知身旁的两个幼儿将在中国历史中担纲重要角色。

一个老宅走出三家名人,也随之有了一种趣言：一座江南"内史第",半部近代百年史。

黄炎培的父亲黄叔才,是一无田地、二无房产的穷知识分子。他考中秀才后,开始在乡里设馆授徒,后来放弃了教书生涯,去各处担任幕僚。黄叔才四海游历,有着一身打抱不平的江湖义气。

黄炎培曾说："吾家先辈,颇以豪爽、耿介、尚侠、好义、作事精能,见称于乡里,亲朋有事,尽力扶助；有难,尽力救护,寖成家风。"

黄叔才长期不在家,儿时的黄炎培大多时间与母亲相依为命。黄炎培的母亲孟樾清是南汇孟荫余的女儿。孟家家境殷实,对待乡民村邻十分友善,在当地声誉颇好:"种到孟家田,犹如自家田。"孟家的女儿皆知书达理,孟家的财产却是传男不传女。孟樾清没有家族资产,一直克勤克俭地操持家务,她每天

黄炎培与外祖父

很早就起床,里里外外地忙碌一天,照顾着一家老小,晚上有了空闲,就坐在灯下,手把手地教儿子认字、写字,给他讲故事。

父亲常年在外,母亲总会把父亲的来信念给黄炎培听,6岁的黄炎培学习识字后,母亲就教他看信、写回信。黄炎培常常在父亲的信中看到外面的世界,听到黄河决堤之后的灾情,听说河边民众的迷信,听到督帅如何用科学的方法治河……小小年纪的黄炎培在这个过程中,朦胧地接触到一些反封建的思想,也接触到了真实的现实世界。

他幼时喜欢玩一种叫"三指戏"的游戏。大拇指代表"官",小指代表"百姓",中指代表"洋人"。游戏的规则是百姓怕官,官怕洋人,洋人怕百姓。游戏玩家同时伸出一个手指头,以各自的"身份"判定输赢,而黄炎培最乐意伸出他的小指。

黄炎培八岁就随姑父进了私塾,开始读"四书"。九岁时,他就住到了外祖父孟荫余家里,在外祖父的家塾东野草堂里读书。从此,黄炎培开始了在东野草堂十年之久的学习生活,可以说黄炎培是在外

祖父的教育下成长的。

孟荫余学识渊博，东野草堂是一座景色优美的园林。"荫人大木环村绿，坐我名花静昼香"，这是黄炎培后来为东野草堂写的诗句。

孟荫余一生种花、植桑、养蚕，却从不考科举。他的父亲因清朝官吏勒捐巨款但无力交纳，被逼得投水自尽。其父在遗嘱中告诫孟姓子孙勿做清朝的官，孟荫余一生恪守父训，闲居乡里，不慕功名。黄炎培反对世俗中的"外祖父"称谓，认为"外"字是封建社会男女不平等的偏见，一直称孟荫余为祖父。

黄炎培在东野草堂读完了"五经"。他记忆力极好，每天老师教的课，他只需读十遍，第二天就能到老师面前一字不差地背诵出来。

黄炎培九岁这一年，在广东做事的父亲寄来一套关于中法战争的玩具。这套玩具展示出了刘永福的黑旗军在越南大胜法国兵的场景，上百个小泥人，分两队对站在纸盘里，一边是中国兵，一边是法国兵，手在桌上轻轻拍打，双方士兵就会走动起来，开始激烈"交战"。

祖父孟老先生曾带黄炎培看过一幅泥板画，画中正是中法战争里的"谅山大战"，老将冯子材大破来犯的三路法军，法军大败，法军司令尼格里身受重伤，抱头鼠窜。这番寓教于乐的精彩教学成为黄炎培孩童时期的一次爱国启蒙。

母亲曾为黄炎培讲过《珍珠塔》的故事，这段记忆让黄炎培一生都印象深刻。《珍珠塔》讲述了一个十分励志的故事：相国之孙方卿因为家道中落，从河南去襄阳向姑母借钱，结果受到了姑妈的奚落。他准备回家之际，表姐陈翠娥就以赠点心为名，暗中将价值连城的珍珠塔送给了方卿，并与他定下了终身。而方卿在归途中遇到了强盗，珍珠塔被抢，走投无路的他准备投河自尽，结果被好心人救了下来。此后，方卿开始发愤读书，终于考中了状元。他后来乔装成道士回到了陈府，讽刺了刻薄且势力的姑母，最终与陈翠娥喜结连理。

母亲想用这个故事勉励黄炎培学习方卿发奋读书，努力上进。黄炎培在70岁时，再次观看锡剧《珍珠塔》，回忆起母亲的训导，写下了一首七绝诗：

余兴逢场听管弦，珍珠塔影隐华筵。

人情冷暖儿时识，母训回头七十年。

黄炎培对母亲的教诲时刻铭记在心，对母亲的欢喜忧愁也十分在意，他后来在《五十年前的今天》这首诗里写道："儿懒惰，母生气；儿勤劳，母欢喜。"他对母亲感情至深，在他心里，"世界上有美人，最美的是母亲；世界上有好人，最好的是母亲"。

然而，命运是残酷的，黄炎培13岁时，他心里这位最美、最好的人不幸患病离世。黄炎培悲痛欲绝，他留不住母亲，只能把母亲的教诲和点滴记忆深藏心底，在逆境中前行，在痛苦中奋进。

黄炎培经常在姑父沈肖韵的书斋里博览群书，从十三经中选读《尔雅》，从二十四史中选读《史记》《前汉书》《后汉书》和《三国志》，从诸子百家中选读庄子、墨子，从唐人诗集中选读李白、杜甫，还从宋儒中选读朱熹、陆九渊。

黄炎培15岁时，到松江应府试，他路过县衙门时看见门前放着4个木制囚笼，笼里的农民站在一叠砖头上。他后来才知道这是官吏用来惩罚欠租农民的一种手段。顶端有一个脖子大小的孔径，供农民把头伸出笼顶，施刑时，把农民脚下的砖一块一块抽去，直到人被活活吊死。黄炎培深受刺激，心中萌生出强烈的不平之念，并立下志愿要改变这样的社会。

再过一年，黄炎培的另一位至亲也离开了他，39岁的父亲黄叔才病故。双亲相继离开，黄炎培成了孤儿，与两个妹妹相依为命，生活变得更为艰辛。

这一年，中日甲午战争爆发，清政府腐败无能，致使北洋舰队全军覆没。最终，清政府被迫与日本签订了丧权辱国的《马关条约》，不仅割让了大片领土，还赔付了巨额钱款。

中日甲午战争给了黄炎培极其沉痛的刺激和打击，他愤然说道："国家观念，遂占领吾方寸的主要部位。"强国兴邦的思想在他心中疯长，他开始涉猎古今中外强国兴邦的学说，探索民族复兴之路。

黄炎培开始接触西方新学，也得益于姑父沈肖韵这位新派人士。沈肖韵出身书香门第，是位热血之人。他在中日甲午战争爆发之时毅然从军，出关抗日，回到上海后，他怀着强烈的爱国之心在川沙建立起了毛巾工业，开始实业救国。黄炎培在沈家的书斋里读到了《天演论》，这本书令他始知有西学，大悟了"物竞天择，适者生存"的道理。

黄炎培9岁开始受教于外祖父孟荫余，18岁时，孟荫余去世，黄炎培经过10年的寒窗苦读，打下了深厚的国学功底，最终走出了伴他成长的东野草堂。然而在这样一个风云际变的时代里，他该何去何从？对于刚刚成年的黄炎培而言，前途一片迷茫。

百年巨匠 Century Masters 黄炎培 Huang Yanpei

第二章 教学启蒙

1897年，19岁的黄炎培被请去南汇三灶乡的一个私塾当老师，他一边教书，一边读书，同时还作点诗文赚取一些闲散收入补贴家用。

川沙、南汇、上海三县常有书院举行文会，每月都要出一些诗文题目，以奖金作为鼓励。黄炎培月月应征，每次都榜上有名，一年下来，他赢得的奖金都能超过教师的薪酬。

黄炎培的长辈只剩下奶奶，奶奶迫切希望黄炎培早早成家，为黄家传宗接代。为了能早日抱上重孙，奶奶开始为黄炎培四处征婚，但黄炎培家境贫寒，一些人家以八字不合为由拒绝了，一些人家直接挑明女儿不嫁穷小子，还有的人家提出要黄炎培与两个妹妹分开居住，独立出来成家，黄炎培也是不愿意的。征婚之事周折颇多，进展不顺。

就在黄炎培失落之余，一段天赐良缘意外降临。姑夫沈肖韵的一位好友王筱云先生来做客，王筱云特别喜欢黄炎培的楷书，他颇懂文理，对黄炎培的文章大为赞赏，认为这个青年将来定有前途。沈肖韵借机提到黄炎培的婚事，含蓄地问到了王筱云的千金。王筱云领会了沈肖韵的深意，干脆地回应道："既然这样，我回去同老婆子、女儿商量商量。"

王筱云的千金名叫王纠思，芳龄18岁，出生在南汇县周浦镇，幼时读过私塾，知书明理，生得一双浓眉大眼，性格豪爽，热情大方。上门求亲的人不少，她却都没有看中，只因她不重门第，颇重学识。

黄炎培的才学正合她意，她便同意了黄家的亲事。

黄家和王家双双满意，于是给两人订了婚。1899年，黄炎培以府考第一名的成绩考上了秀才，王家便想喜上加喜，于是挑选了良辰吉日，给黄炎培和王纠思办了婚礼。

黄炎培的两个妹妹跟着他们夫妻两人一起生活，王纠思待她们亲如姐妹，操持出一个其乐融融的大家庭来。王纠思德才兼备，她自学医术，常为街坊四邻治病，还总是有求必应。

川沙当地没有报纸，姑夫沈肖韵经常通过书信给黄炎培带来一些外界的消息。1901年初夏，沈肖韵在来信中提到上海南洋公学登报招生，让黄炎培赶快去上海报考南洋公学。沈肖韵还向黄炎培承诺，会和其他亲友一起负担他的学费。

南洋公学创建于1896年，是如今上海交通大学、西安交通大学的前身。学校创始人盛宣怀是洋务派的代表，他开办轮船业、电报业等实业，创造了近代经济史上的多项第一，他深感"兴学树人为当务之急"，主张兴办学校。

南洋公学的考试，分为笔试和口试。黄炎培来到南洋公学参加笔

南洋公学上院

试时，在大堂上点名发考卷的是一位黄头发、蓝眼睛的英国人，这个外国人着实让黄炎培吃了一惊。黄炎培很快从紧张的状态中平静下来，认真冷静地完成了答卷，他到后来才知道这个外国人是南洋公学的监院，名叫福开森。

笔试之后，还有口试，口试的先生是著名出版家、教育家、爱国实业家张元济，当时的他受盛宣怀所聘，担任南洋公学的总理（校长）。

"你信仰宗教吗？信哪一种宗教？"张元济问黄炎培。

"我没有信什么宗教。"

"不信仰宗教，很好。年轻人，多学点知识，以后大有可为。"张元济肯定了黄炎培的回答。

南洋公学分有四院：师范院、外院、中院和上院。最先成立的是师范院，目的是培养师资，推广教育，南洋公学的师范院也成为中国师范教育的开端。随后，南洋公学设立了附属小学，后来改称外院；设立了中学，后来改叫中院；特班是1901年刚刚开设的，与原有的铁路班合称为上院。

学校的外院相当于小学，中院相当于中学，上院相当于大学，南洋公学凭借外院、中院、上院和师范院建造出了一个配套完整的教育体系，四院制和师范院皆是中国教育史上的首创。外、中、上三院各设4个班，每班学生各30名。

黄炎培顺利通过了考试，被录取为南洋公学的特班生。特班总共招收了42人，黄炎培成了特班的首届学生，同班同学还有李叔同、章士钊、邵力子等人。特班在上午的课程中设置了英文课和数学课，下午设置了中文课，中间还穿插了体操锻炼。

南洋公学的这段学习经历让黄炎培抛开了旧文化，接触到了西方的自然科学和政治文化，更重要的是，他在这里遇见了他一生的恩师——著名教育家蔡元培先生，这也成为他人生的一个重要转折。

黄炎培回忆初见蔡元培的情景时说："开学之日，礼堂诸师长中，有衣冠朴雅，仪容整肃，而又和蔼可亲者一人，同学奔走相告，此为总教习，则吾师是也。"

蔡元培

蔡元培生于1868年，比黄炎培仅年长10岁，他25岁时，中进士，27岁时，得授翰林院编修。甲午战争爆发后，蔡元培开始接触西学，深感旧学的种种弊端，极力主张新学。蔡元培教学时会交给每个学生一张学科名单，名单里有哲学、伦理、文学、政治、法律、财政、经济、教育等学科，共二三十门。学生们选定一到两门后，蔡元培就针对选定的学科为学生们开示要习读的主要书籍和次要书籍，让学生们向学校藏书楼借阅。学生们每天必须写好笔记，送他批阅。蔡元培看到写得好的笔记，就在这一节的左下角打上一个红圈，特别好的就打双圈。

黄炎培选定了外交这门学科，蔡元培就给他推荐了《万国公法》和几种外文书籍，让他习读，同时还教他和文翻译法。"和文"就是日文，学习了日文翻译法，就可以自主阅读较为浅显的日文书。

蔡元培每晚都会轮流叫两三名学生到房间里谈话，听取学生们的读书心得，或者听他们对于报纸上的一些时事的感想。他每月还会出题让学生写作，指导学生不受题材限制，自由发挥，各抒所见。

蔡元培常常教导学生：要对西方列强"知彼知己，百战不殆"，我们要知道自己的弱点，还要了解国际情况。通晓外文，读外国书，了解外国文化和时事。

有一天，蔡元培召集全班同学谈话时说："中国国民在极度痛苦中，还没有知道痛苦的由来，没有能站立起来，结合起来，用自力解除痛苦，这是中国根本弱点，你们将来出校，办学校以外，还要唤醒民众，开发他们的知识。这些固然可以靠文字，但民众识字的少，如能用语言，效用更广。你们大家练习演说罢！"

蔡元培鼓励学生练习演说，教授演说的方法，学生们在蔡元培的指导下，成立演说会，定期轮流学习演说，组织辩论会。大家还提倡在演说时少用地方语，多说国语，南方籍却生长于北方的李叔同国语说得最好，常被大家请去教授国语。

他们第一次辩论会的题目是《世界进化，道德随而增进乎？》。黄炎培对当时的辩论场面记忆犹新，同学们登台演说，互相激论，尽显思想的交锋。

蔡元培倡导新式教育，教授新学，为学生们营造出了思想自由、学术自由、创作自由的学习氛围和成长环境，他的教学极大地激发了黄炎培的求知欲望和爱国热情。

黄炎培对恩师蔡元培极为感激："斯时吾师之教人，其主旨何在乎？盖在启发青年求知欲，使广其吸收，由小己观念进于国家，而拓之为世界。又以邦本在民，而民犹蒙昧，使青年善自培其开发群众之才，一人自觉，而觉及人人，其所诏示，千言万法，一归之爱国。……吾师之深心，如山泉之源，随地涌现矣！"

在蔡元培的影响下，黄炎培的新学有了很大提升，他也很快迎来了一次重要的学业检验。

1902年秋，黄炎培同姑父沈肖韵结伴去南京参加江南乡试。这一年的乡试,开始改八股为策论,许多考生做惯了八股,但根本不会写散文。黄炎培已在南洋公学学习了一年多的新学,他在蔡元培的教导下自由创作,得到了很好的训练,散文也写得较为得心应手。

黄炎培中举时的举人袍

与此同时,乡试中还涉及如何收回治外法权的议题,这也正好对上了黄炎培所学的外交学科。黄炎培研读过《万国公法》,书上说"于驻在国所治之地外,得管辖其民之权",是限于使馆所在地和使馆人员。自五口通商,各国在中国开辟租界,假借"治外法权"享受"领事裁判权",完全违反了《万国公法》。黄炎培信笔直书,写完了一篇洋洋洒洒的好文章。

乡试结果公布,黄炎培榜上有名,中了举人。他原本可以一鼓作气去参加会试和殿试,走仕途,但他放弃了这条老路,返回南洋公学继续读书。然而,学校在年底时发生了轰动一时的退学事件,这场风波再次改变了黄炎培的人生轨迹。

南洋公学里新学和旧学时常对立,教师和学生之间的摩擦日渐增多。教师郭振瀛常常鼓吹《东华录》里所写的"圣祖""武功",禁止学生阅读《新民丛报》等进步书刊,引发了学生的强烈不满。后来有人误将一个洗干净的墨水瓶放在郭振瀛的教师座上,他认为学生在讽刺他胸无点墨,于是借题发挥,主观指定了两个同学,严厉斥责道:"要报汪总办开除你。"

全班学生说:"不是这两同学做的。"

郭振瀛更为恼怒,立刻上报了汪总办。汪总办没有经过调查就立刻下令开除了两个学生。学生推选代表请求总办撤回开除的决定，总办便将学生代表一并开除。全班同学团结起来据理力争，结果校方将全班同学一并开除了。随后，班级所在的中院里其他班级各推选代表去汪总办处，请他收回成命，汪总办再下手谕，将整个中院的一千多名学生全部开除。

校方的专横跋扈激怒了全校同学，上院和外院的各个班级也推代表去找汪总办请命，汪总办竟然发布了荒唐的指令，将全校学生开除。各部分教师分别去见汪总办，婉劝他息怒，商量转圜的方法。但汪总办对所有请求，一律否决。

于是全院包括特班学生在内的大小学生，在无可奈何之下全部向操场整队，他们在各班教师的带领下，迈着整齐的步伐，携手走出了南洋公学校门。这是近代中国的第一次学潮，南洋公学就此解散。

浔溪公学的学生写下贺词：敬贺南洋公学学生脱离专制学校。广东省教育会公开赞扬这些青年"为学生辄能抵抗腐败之总办"，"为国民必能抵抗顽固之政府"，"为外交必能抵抗彼强大之列国"。

南洋公学这次学潮的影响迅速扩展至全国，在全国各地引发的学潮不下十处，"散学之风潮如风发泉涌而未有已矣"。

蔡元培对特班同学说："汪总办不让我们完成学业，我们应该自动地组织起来，扩大容量，添招有志求学的学生来更好地进修，同学中对某一门能当教师的就当教师，愿回乡办教育的也好。"

蔡元培在上海办起了爱国学社、爱国女学。黄炎培站在人生的十字路口上，反思着人生的意义和个人的价值，谨慎考量着下一步该往何处走。

黄炎培儿时有一个玩伴叫顾连生，黄炎培在私塾上课时，顾连生常常偷偷钻进私塾里听课。顾连生十分聪明，也很爱学习，但他每天都要放羊、放牛，做些劳务，留给学习的时间少之又少。他在学业上一直难有成果，与黄炎培的差距也越来越大。

多年后的一天，黄炎培在路边遇到一个双目失明的乞丐，他惊讶地发现这个衣衫褴褛的盲乞竟然就是顾连生，黄炎培简直不敢相信自己的眼睛，一个爱学习的孩子竟然成了一个遭人嫌弃的落魄乞丐。

顾连生家中一直极为贫困，他后来患了眼疾，导致双目失明。为了生存，他只能在街头讨饭，乞讨度日。黄炎培内心无比酸楚，他后来在《八十年来》一书中写道："只要是人，即便是农民的儿女，都有权利接受相当的文化培育。问题在给人们把他权利剥削掉。我所提出的事实，太显明了，一个是地主的孙儿，靠了剥削，取得了文化的培育，一步步发展；一个是贫农的儿子，他的文化培育权利被剥夺掉，终成盲丐。前者是我，后者是阿连生。我到今天尽管愧！歉！悔！恨！也只有愧、歉、悔、恨罢了。必须认清，在那种社会里，不知道有多多少少阿连生呀！"

顾连生的遭遇让黄炎培深感惋惜和痛心，他不断地反思着教育的意义。贫困造成愚昧，愚昧又拉开了人们生活的差距，教育是救民之道，更是救国之道。

恩师蔡元培的话时刻警醒着黄炎培："中国国民遭到极度痛苦而不知痛苦的由来，没有能站立起来，结合起来，用自力来解除痛苦。你们出校，必须办学校来唤醒民众。"

1902年，24岁的黄炎培在蔡元培的影响下作出了一个重要的决定，他立志投身教育事业，去改变更多人的命运，为这个社会、这个国家贡献一点力量。于是他离开上海，回到了川沙，开始了他教育救国之路。

百年巨匠

Century Masters

黄炎培 Huang Yanpei

第三章 川沙启航

黄炎培在《川沙县志》一书中回忆道："我在上海南洋公学读书，到了十月，公学发生罢学大风潮，退学的学生大部分联合起来，创办爱国学社于上海。我呢，和川沙一般朋友如张伯初先生（名志鹤）等，老辈如陆逸如先生（名家骥）等，都是受着了'教育救国'新学说的影响。看看国事，已经糟到不可收拾；看看老百姓，大家还是睡着鼓里。记得当时我还亲见一本书，叫作《并吞中国策》，是日本尾崎行雄做的，简直不把我们中国放在眼里。大家发一个愿，认为要救中国，只有到处办学堂。"

黄炎培与好友张志鹤、陆逸如一起回到川沙，他们立志兴办新式教育，开办新式学堂，就在这时，一个大好机会正巧出现了。

清朝政府在1901年命令各省州县开办小学，到了1902年，政府公布了高等中小学堂章程，命令各省把书院改办为学堂。当时川沙城里还没有学堂，只有一个观澜书院。黄炎培和张志鹤、陆逸如等人一起联名向官府呈文，提出将观澜书院改为川沙小学堂。

观澜书院始建于1834年，是传统的旧学书院，书院每月用八股文、试帖诗来考地方的士子，并将名下田产的租金拿来做膏火，这膏

由观澜书院改建的川沙小学堂

火就是奖励好诗文的奖金。

黄炎培等人向官府进行了三次呈文，川沙厅的同知陈家熊三次批文都重复着一句话，"川沙地狭窄民贫，殷商甚少，集款綦难"，要黄炎培等人自筹经费，修建学堂。

黄炎培深知这些官员的官僚作风，他们大多秉持着多一事不如少一事的心态，并且不少官员还靠书院考月课，获取一些膏火来贴补生活，改办学堂会与他们造成利益冲突，他们自然不会真心支持。因此，黄炎培等人故意在呈文上加了一句"除同时呈请两江总督部堂批示外"。

张之洞像

此时正值寒冬时节，黄炎培和张志鹤冒着风雪坐长江轮到南京，向两江总督张之洞的衙门投文。张之洞是洋务派的代表人物，一直大力倡导"中学为体，西学为用"的新学。黄炎培等人的上书很快得到了同意的批复。

黄炎培一行人回到川沙，底气十足地向川沙厅反馈了"上谕"——总督立即批准。川沙厅的官吏立马变了脸，不但批准书院改办学堂，还将书院的田产全部充入了小学堂基金。

1903年春，川沙小学堂正式开学，学堂开设了两个班，共有约6位教师，招收了近70名学生，黄炎培的教育生涯由此发端。

黄炎培担任学堂总理，即校长，张志鹤担任副办，潘敏斋、陆逸如被聘为校董。黄炎培踏出了开办新学堂的第一步，后续的困难还有

川沙小学堂现为上海市浦东新区观澜小学

很多，保障学校持续经营的经费问题就是他必须尽快解决的一大难题。

在川沙筹款较为困难，黄炎培就想了许多办法来节省开支。他亲自授课，每天讲课3小时，分文不取，同时膳食自理，以此来缓解学校经费困难的状况。他们在所订章程上也写明了总理副办都尽义务，不拿薪水，并且自膳。

当时流行着一种风俗，乡试里中试的文章叫作朱卷，作者将朱卷分送给有需要的人时，他们就会赠送些钱，每本1元至5元不等。黄炎培便把他上一年的朱卷送出去，换得了一笔酬金，除去开销，还剩100元，这笔款支撑了黄炎培家里半年多的生活开支。

川沙小学堂虽然顺利开学了，但学堂欠下的一笔开办费一直还不上，交友广泛的陆逸如想到同乡杨斯盛。杨斯盛是上海水木工业和建筑行业的领军人物，也是位热心教育之人。

陆逸如便带着黄炎培赶去上海拜访杨斯盛，他们把教育强国的观点和兴学的必要讲给杨斯盛听。杨斯盛慷慨地捐出三百银元，还把他的侄儿杨尧送到学堂就学。杨斯盛捐出的这笔费用缓解了学堂的财务困难，黄炎培心中松下一口气，更为专注地投入到学堂的新学教育中。

不久之后，黄炎培与堂兄黄洪培在他家里开办了一所女学，专收女生，并以黄洪培妻子的名字命名为"开群女学"。黄炎培和黄洪培、张志鹤都兼职为"开群女学"的学生授课。

洋教习的工资一直很高，学堂办学经费有限，请不起这些高薪的教习。为了更好地解决教师和经费的问题，黄炎培等人决定聘请南洋公学师范班的毕业生来学堂做教习。同时，他们还派出品学兼优的学生到其他师范学堂学习，毕业后再回来担任学堂教习。

为了增强学生体质，学堂特意开设了体操课；为了提升学生的学习兴趣，学堂在城墙边举行分组速算竞赛；为了激发学生的爱国思想，学堂每周都组织公开演说，为学生讲授一些先进人士的爱国事迹。学堂还会邀请一些思想进步的人士过来讲课，揭露社会上的不良风俗，启发学生思考，比如谈论女子缠足、赌博、吸食鸦片等问题。黄炎培就为学生讲过爱国思想家顾炎武等人的故事，旁听的人非常多。学堂的演讲会持续了半年之久，成为当地小有影响力的活动。

川沙小学堂在黄炎培主持下，变得颇具特色，质量之高为江苏之冠。杨斯盛对经营了数月的川沙小学堂进行了一番考察后，欣慰地说道："这样办学，别的我还不知道，青年种种恶习不会有的了。"

南汇的新场镇是一座市集繁盛的江南古镇，有着"赛苏州"的美誉。1903年6月23日，黄炎培到新场镇进行演讲，不料他的演讲内容竟引来了一场灭顶之灾。

演讲当天，新场镇百里以内，舟车云集，听众如潮。黄炎培在演讲时痛陈国家危亡时政府昏聩的种种行径，引发了无数听众的共鸣。

结果地方的痞棍居心不良，跑去找南汇知县戴运寅告密，指控黄炎培等人在演说中毁谤皇太后、皇上。

当时著名的反清政治案件《苏报》案正在发酵。创刊于上海的《苏报》试图"以清议救天下"，曾报道过南洋公学的退学风潮，还发表过蔡元培所作的《释仇满》一文，旨在赋予"排满"正确的社会内涵。后来，邹容、章太炎分别在《苏报》上发表了轰动全国的《革命军》和《驳康有为论革命书》，掀起了反满革命，清政府以"劝动天下造反""大逆不道"等罪名逮捕了章太炎和邹容，查封了《苏报》，并开始在各县捉拿革命党。

黄炎培演讲之事被人恶意告密，知县戴运寅立即将黄炎培、顾次英、张志鹤、张尚思四人拘捕起来。随后，南汇县衙门的照壁上贴出了一则告示："照得革命一党，本县已有拿获。起获军火无数……"

南汇县衙门立即向两江总督魏光焘、江苏巡抚恩寿请示，江苏巡抚电令"解省讯办"，两江总督电令"就地正法"。督抚两处的电令有分歧，戴运寅只好再次请示。这为营救黄炎培等人争取了宝贵时间。

黄炎培四人在监牢里等候着决定生死的新电令，新场镇这一群发起演说会的青年极其惶急，他们绞尽脑汁地想办法，全力营救黄炎培等人。

当时，黄炎培从小就喜欢玩的三指游戏，也是当时的一个时风真理，洋人怕百姓、百姓怕官、官怕洋人，要治住南汇县这群昏聩的官吏，就要找洋人。演说会的发起人中恰巧有一人是新场镇基督堂的陆子庄牧师，青年们立刻和陆牧师一起，连夜赶去上海，求见了总教堂的总牧师步惠廉。

步惠廉是美国人，他预料到黄炎培等四人会被处以极刑，于是先去找老律师佑尼干商量。佑尼干却说他和步惠廉都是美国人,按照正常流程,一切事务要通过美国领事、上海道转商于总督和巡抚,只怕耗时太久,黄炎培四人早已人头落地。

杨斯盛得知此事后挺身而出,这个老上海人一针见血地提出,同律师空口商量,律师哪肯提出办法。杨斯盛代步惠廉赠给了律师公费银五百两,佑尼干果然很快提出了一个解决办法,他说:"办法是有的。立刻雇一小汽轮,亲去南汇县,要求保释,只要释出,便有办法。"

当时已是6月25日下午,步惠廉等人急忙雇了汽轮,星夜兼程地赶回了南汇,他们到达南汇时已是26日清晨。

步惠廉带着陆子庄、方渊甫、袁恕庵三名中国牧师冲进了县衙,要求面见知县,保释黄炎培四人。戴运寅从来没有见过洋人,不敢怠慢,不得不出来接见。

从早上到中午,戴运寅一刻不敢离座,他平日里常吸鸦片,此时烟瘾大发,非常难受。他见步惠廉四人似乎下定了决心与他周旋到底,不放人就不肯走,他担心酿成教案,便作出了妥协。

戴运寅要求总牧师步惠廉出具能随传随到的切结,故意让步惠廉盖上指印,本以为步惠廉不会接受这样的羞辱,不料步惠廉全部答应了下来。

监牢里,黄炎培突然听到有人走了过来,来人打开木栅栏,说了一声"请"。

在步惠廉等人的帮助下,黄炎培、顾次英、张志鹤、张尚思四人得以逃出牢狱走出牢房,穿过大堂,畅通无阻地登上了汽轮,扬长而去。

过了中午十二时,江苏巡抚"就地正法"的最终电令传到了南汇县衙门，黄炎培等人已逃于无形。戴运寅看到电令后，只得连连顿足，懊丧不已。

黄炎培逃亡上海后，步惠廉担心清政府不肯罢休，还会要求上海道在上海租界进行公堂会审，于是劝他们立刻出国。张尚思已作出声明，他并未参加演说，只是被误抓了，由此逃脱了干系。

杨斯盛再次慷慨解囊，赠送黄炎培等人一笔资费帮他们顺利出国。黄炎培、张志鹤、顾次英买了西伯利亚轮的四等舱票，连夜离开上海，去了日本。

西伯利亚轮出了吴淞口，驶向茫茫黄海，三人回望身后的祖国，一种压抑感涌上心头，黄炎培在《八十年来》这本书中提到当时的感受："我生最难堪，要算此时此境。陈天华烈士就在这情况下蹈海了。我友姚定生留日回国，发起上海中国公学，一天送给我一张字条，全是隐语，明天，黄浦江浮出遗体了。——我们一行三人，不甘自杀，定要为祖国生存而奋斗。先从改名字下手。顾次英原号冰一，改号仲修；张志鹤原号访梅，改号伯初；我呢，原号楚南，改号韧之。韧字的意义，刃是刀，韦是牛皮，要杀敌，要坚忍。"

黄炎培等人一时成为新闻焦点，有的报纸恶意丑诋，在报刊上写道："黄炎培穿了皮靴铁秃铁秃满街走，一望而知是革命党。"章士钊主办的《民国日报》发表了《南汇之风云》，报道了这件事的真实情形。上海新舞台戏院把黄炎培的故事改编为《新场镇》，为观众上演了这一出好戏。

黄炎培在日本漂泊半年，艰难度日，杨斯盛虽然愿意继续汇款接济他们，但黄炎培几人却是刚正孤傲的性子，不肯过多索求。到了年底，黄炎培等人终于等来了转机。

黄炎培收到一封国内的书信，信中提到戴运寅知县已经被撤职，南汇风波已经过去，希望他们尽快回国。此时他们的口袋里只剩下回国的路费，三个患难与共的生死兄弟由此携手踏上了回家的路。

个人的生死只关乎个人及家庭，国家的生死却关乎亿万百姓，日本之行对于黄炎培而言无疑是一次亡命之旅，但也正因为这次经历，他看到了中日两国巨大的国力差距和清政府的腐败无能。如何才能在"物竞天择"的大国竞争中独善其身？他不禁为国家的未来产生了深深的忧虑。

1904年春初，黄炎培三人回到上海，经过这次新场镇风波，杨斯盛对黄炎培越发赏识，他心中早已有了一些办学计划，想邀请黄炎培加入，打算与他携手在上海开辟出一番新的教育天地。

第四章 创办名校浦东中学

黄炎培从日本回国后，应杨斯盛之邀，全身心投入兴办教育工作中。1904年，杨斯盛在梅白克路建成了一座新宅，请黄炎培和张志鹤用这所新宅创办了广明小学。为了解决学校的师资问题，黄炎培等人受杨斯盛之托创办起了学制一年的广明师范讲习所。

　　黄炎培在回国后的一年时间里，广明小学和广明师范讲习所成绩斐然，教育成果丰硕，这令黄炎培在教育界积攒下了一定声誉和地位。他在逐渐走入公众视野的同时，也开始了一些秘密行动。

　　1905年8月，中国同盟会在日本东京成立，蔡元培被指派为上海分部负责人。9月初的一天夜里，蔡元培召黄炎培来到家里，共同探讨国家前途和他们的报国志向。蔡元培诚恳而庄严地对黄炎培说："只有集合同志，组织起来，共同奋斗。现在爱国志士集中于中国革命同盟会。同盟会是孙中山先生领导的兴中会，黄克强先生领导的华兴会和无政府主义派连同其他革命人士结合起来的，你愿不愿加入？"

　　"刀下余生，只求于国有益，一切惟师命。"黄炎培欣然答应，义无反顾地与恩师站在了同一条战线上。

　　第二天的夜里，黄炎培再次来到恩师家中，在蔡元培的引导下，他举起右手，庄严宣誓："驱除鞑虏，恢复中华，建立民国，平均地权。"从此，他便正式成为中国同盟会会员，成为一位革命人士。

　　蔡元培和黄炎培既有师生之谊，又有革命的同志感情，基于共同的使命，黄炎培逐步成为蔡元培信任的得力助手。不久之后，蔡元培去往德国留学，他把同盟会上海干事的职位和任务都交给了黄炎培，其中就包括同盟会的上海会员名册、电码和重要文书。这无疑是对黄炎培报以极大的信任。

1905年9月2日，中国教育界迎来了一个历史性的时刻，清政府发布上谕："从丙午年（1906年）起所有岁试、乡试、会试一律停止，各省岁科考试亦即停止。"至此，在中国历史上延续了1300年的科举制度正式废除。中国的教育制度翻开了新的一页，黄炎培所创办的新学，在新的教育背景下获得了全新的发展机遇。

这一年，杨斯盛继续拓展教育版图，准备在浦东六里桥创办浦东中学和浦东小学。他拿出了十二万两银子，在浦东六里桥买下了四十亩地，用于兴建校舍。

杨斯盛先生以"为国造就有用人才""解决乡邻子弟失学之苦"为初衷出资建造了浦东小学和中学，黄炎培受邀出任浦东中学第一任校长。当时中学校长的月薪标准为100元，黄炎培感念杨斯盛的兴学之情，只领月薪40元。

黄炎培为这所浦东中学的建设倾尽了心力，他亲自设计了学校的草图。学校建有最先进的大礼堂、教室、运动场、食堂等，中间是座气势宏伟的大礼堂，置有1000多个座位，礼堂的东西两边各建"匡"字形的两层楼，楼上楼下各有几十间教室。两个"匡"字形的大楼面向大礼堂，礼堂的一边是较小规模的小学校区，一边是较大的中学校区。礼堂前面是大型运动场，设置了跳远的沙池、乒乓球水泥台、篮球架等运动设施。后侧是两座食堂，食堂后面建了一个风雨操场。从学校的蓝图设计到最后的施工，黄炎培都事无巨细地投身其中。

1906年，黄炎培精心设计的学校终于建成，浦东中学正式开学。

浦东中学建校施工时所用的铁瓦刀等工具、建材

杨斯盛在开学第一天向全体学生提出了修养三点："勤""朴""诚"，这三个字后来成为浦东中学的校训。

黄炎培治校严格，强调德、智、体三育并重。其他学校的中学住读生，每个周末都可以自由出校，浦东中学则要求学生全部住读，学生每月只有一天假期可以离校。浦东中学重视文科的教学和学生的各种文体活动。上海《申报》曾报道过浦东中学的体育盛会："十月初五日，浦东中学校举行体育大会。内容有木马、拳舞、大刀舞、单刀舞、双刀舞、棍舞、凳舞、铁杠、平台、云梯、天桥等，参观者四千余人。"

学校所有教师的遴选、聘用，都由黄炎培严格把关，黄炎培也亲自任教。除了课堂上的学生，黄炎培还关注到了校园之外的广大"学生"。他经常带来教师向学校附近的村落进行义务教学。他们扛着小黑板，到村庄召集村里的男女老幼，教他们识字，在他们识字的过程中，为他们讲述国家境况、国民责任，激发民众关心国家命运的爱国意识。

浦东中学这所新兴的教育机关办得有声有色，逐渐声名远播，各地的教育人士纷纷来校参观，学习交流。大名鼎鼎的江苏提学使毛庆蕃也前来巡察，他对学校的教学管理十分满意，对教学成果连连称赞。

然而福祸相依，声名鹊起的黄炎培再次树大招风，又迎来了一场告密风波。1907年，有好事者密告两江总督端方，提到之前在南汇县新场镇演说革命的黄炎培，现在潜回了上海，动员杨斯盛捐办了浦东中学，每天都对学生宣扬排满革命的思想。

黄炎培为浦东中学的题字

两江总督下令让江苏提学使毛庆蕃彻查此事，毛庆蕃立即约见了杨斯盛，向他求证事实。

"黄炎培为人怎样？"

"在校做什么？"

"教些什么？"

杨斯盛一一如实回答。

毛庆蕃再问："有没有革命嫌疑？"

"没有。"杨斯盛肯定地回应道。

"你能保么？"

"愿以身家担保。"

"黄炎培月薪多少？"

"四十元。"

黄炎培的极低月薪让毛庆蕃大为吃惊，通过这番问答，毛庆蕃心里有了答案，说道："上年我去视学，确是不错。这样说来，黄炎培当是好人。"

毛庆蕃在大堂设立公案，请来了黄炎培，简略地问了黄炎培的兴学旨趣和施教方针。毛庆蕃邀请黄炎培到后堂吃午餐时还问到了他平时读的书。经过一番交谈之后，毛庆蕃对黄炎培的学识和为人更为敬服，并说道："你读那么多书，选择那么精确，谁说你是革命党？"

两人临别时，毛庆蕃对黄炎培说："你好好努力办学，学校是办得好的，我亲眼看过了的。"

几天之后，毛庆蕃发表了一道三千字的公文，结语中说道："今后如再有人根据旧案，控告黄炎培革命，从此立案不准，以免冤枉拖累好人。"此时的黄炎培正是中国革命同盟会的上海干事，他万分感激杨斯盛以身家作为担保，也感激毛庆蕃有意为他开脱，这才让他平安度过这一劫。

第二年，黄炎培毫无心理准备地迎来了一场沉痛的生死别离，57岁的杨斯盛走到了生命的终点，他重病不起，在临终前嘱托黄炎培："我早知我校基金不够，还想天假余年，学校还应大扩充。我死，你将向哪里募款呢！现在我勉力凑捐基金十二万两。只望我死后，支撑这校的稍减艰苦。黄先生！你跟各位校董勉力罢！"

杨斯盛出生于1851年，与黄炎培同是川沙人，他年幼时就成了孤儿，13岁便流落至上海，当起了泥水匠的学徒。他勤勉奋斗到30多岁时，积攒下了20年的经验和资本，开始独立承包建筑工程，后来凭借建造江海关大楼和江海北关一举成名。他建设浦东中学和小学时，捐出了十二万两银子，临终时又为学校捐出十二万两银子，但他留给子孙的钱财仅够他们维持生活。杨斯盛毁家兴学的高义气节让世人称颂，他对教学和学生的深切关怀令无数师生极为敬重。

杨斯盛平时有空就喜欢到学校来和师生们交谈，他一直留心观察着学校的各种教学设施，思索着如何改进，如何提升教学质量。他发现黑板上的粉笔字，很难让学生看清楚，就改用玻璃做黑板。他还细心地想到把玻璃光滑的表面磨粗糙，使它不会反光。杨先生在弥留之际，还惦记着学校的教学，自言自语地念着："学校里黑板还要改良。"

杨斯盛离世后，黄炎培含泪撰写了《杨斯盛先生言行记》，分送报馆和修志局刊发，以纪念杨斯盛先生。此外，学校根据全校师生的公意，在校园里建起了一座杨斯盛的铜像。这尊铜像在后来的岁月里，代杨斯盛先生见证了浦东中学和浦东小学的辉煌发展历程。

十几年后，两个特别的学生走进了浦东中学，他们是蒋介石的两个儿子，蒋经国和蒋纬国。蒋经国先于1924年就读于浦东中学，蒋介石发现孩子的文章在老师的教导下写得颇好，对浦东中学的教育深感满意，后来把蒋纬国也送去了浦东中学念书。

浦东中学里陆续走出了不少名人大家，其中有中国共产党重要领导人之一的革命家张闻天、中国核武器之父王淦昌、著名电影导演谢晋、电影演员秦怡、中国会计学的创始人潘序伦等。浦东中学声誉渐隆，在当时享有"北南开，南浦东"的盛誉。

百年巨匠
Century Masters
黄炎培
Huang Yanpei

第五章 实用教育蔚然成风

随着浦东中学的办学成功，黄炎培逐渐引起了著名实业家、教育家张謇的注意。在随后的岁月里，张謇与黄炎培开始了密切的交往和合作。1905年，江苏的开明士绅在上海成立江苏学务总会，江苏学务总会在1906年改名为江苏教育总会，1911年之后改称为江苏省教育会。张謇担任会长，逐渐成为江苏教育界的精神领袖。

黄炎培担任江苏省教育会的调查干事，最初的工作是调解各县之间的矛盾、纠纷。

江苏省教育会是江苏教育界的中心组织，是当时身处学校的黄炎培紧密联系社会的一个重要途径。张謇高度重视实业教育，提出了"父教育而母实业"的思想理念，这对黄炎培后来提倡的实用主义教育有一定影响。

从1906年起，江苏省教育会陆续建立了十几个教育研究会，其中有师范教育研究会、教育法令研究会、小学教育研究会、幼稚教育研究会、英文教授研究会、理科教授研究会、体育研究会等，还有黄炎培发起创立的职业教育研究会。

江苏省教育会创办了《教育研究》杂志，广泛征求教育界的新经验、新学理，还组织人员翻译国外的教科书，黄炎培也翻译了《美利坚之中学》《实用主义小学教育法》，编著了《小学工场之设备》。

1909年，各省咨议局相继成立，张謇当选为江苏省咨议局局长，黄炎培凭借在教育界中的声望被选为江苏省咨议局议员和常驻议员。

江苏省教育会旧址

全国的革命形势在短短几年内发生了巨变。光绪皇帝和慈禧太后在1908年先后去世，3岁的溥仪继承了帝位。满人手握政权，虽然宣布实行立宪，颁布地方自治章程，但全国人心离散，各地大大小小的起义频频出现，腐朽的清朝已经走到了末日。

1911年10月10日，武昌起义打响了辛亥革命的第一枪，全国掀起了推翻清朝专制帝制、建立共和政体的民主革命。

江苏教育总会举行会议，商议劝说江苏巡抚程德全起义，黄炎培被推为代表，黄炎培到苏州时，程德全已经宣布江苏省独立。程德全是清朝官吏中深受人民拥戴的好官，他从清朝巡抚转变为革命军都督后，不杀不伤一个满人，还令都督府发出六言告示："照得民兵起义，同胞万众一心。……旗满视同一体，大家共享太平。"

黄炎培被程德全请留，参加新政府的公务，起草新官制。都督每月领50元的工资，司长30元，科长和各县的县知事20元。在这期间，大家都领着很低的工资，精神却极为振奋。

1912年1月1日，孙中山在南京宣誓就任临时大总统，宣告中华民国临时政府成立。2月12日，清帝发布退位诏书，袁世凯接替孙中山继任临时大总统。中国两千年的君主专制制度就此结束，全国建立起了共和政体，开启了民主共和的新局面。

科举制度被废除后，知识分子没了做官的渠道，到了民国初年，社会上依然盛行着重道轻器的传统思想。国内出现了大量的法政学堂，人们争相研读法政知识，期望能以此做官。庄俞在《元年教育之回顾》一文中提到了当时的社会风气："共和时代，全国人士趋赴所谓政党者，半年以来人人以议员为唯一目的物。为己运动，为人运动，奔走营求，不遑暇食，谁复念及教育？苟有语此，反视为迂腐之谈。"

黄炎培对此现象深感忧虑，他始终坚信"教育为救国唯一方法"。民国成立之后，他将培育建国人才视为更迫切更重要的任务。

新政府成立后，黄炎培深得程德全信任和赏识，很快被任命为江苏都督府民政司总务科科长兼教育科科长。而程德全在不久之后为了一个义举，很快辞去了高位。

当时，袁世凯窃取了辛亥革命的成果，接替孙中山成为中华民国临时大总统，他为排除异己，暗杀革命人士，激化了政府与国民党之间的矛盾，国内讨袁之声四起。

7月15日这天，黄兴向程德全送来两列车钞票作为军饷，请他出兵讨袁。程德全发现车上的钱全是已经倒闭的信成银行的无用钞票，把废票当军饷，会害了士兵，士兵把钱用掉后，会害了民间的百姓。

程德全回应道："这样害民的事，即使出兵，也不能打胜仗。诸君！害民事我决不做，我辞职。"从此，程德全去了上海，闭门退隐，而黄炎培一直与他保持着联系，时常去拜访他，共商国事。这年12月，黄炎培升任江苏省署教育司司长。到了第二年，黄炎培拟订了一份《江苏教育行政五年计划书》，对江苏省的教育发展进行了一番细致周密的规划。

计划书中提到了几点重要内容。第一是小学教育，各县限期调查学龄儿童，就其住址疏密，规定设立小学地点。县设甲乙两种师范学校，或设一种，以供培养师资。

第二是中等学校的规划，规定了师范学校、中学校、农业学校、工业学校、商业学校的数量和地点。

第三是大学校的规划，原设高等师范学校，由中央任费和管理。同时，还拟定了派遣国外留学生的政策，由中央出资，在全省用竞试法择优录取，岁一举行。

此外，计划书还涉及图书馆、博物馆、通俗教育讲演团的规划。省教育经费240万元，暂不增减，节约使用。5年之内，以此为限。黄炎培专门成立了独立的"江苏省教育经费管理处"，保障教育经费不被军阀挪用。

辛亥革命后，蔡元培被任命为中华民国临时政府首任教育总长，他上任后，十分希望在江苏都督府负责教育行政的黄炎培到中央协助自己推行教育改革，于是他电召黄炎培赴京就任。但黄炎培考虑到自己刚刚就任新职，不宜辞职，并且认为："民国教育基础在地方，其职责之重不下于中央。"为此，黄炎培亲赴北京向蔡元培当面陈述了自己的想法，并推荐袁希涛担任教育部次长。在北京的这段时间，黄炎培与蒋维乔、陆费逵等教育界著名人士协助蔡元培草拟了《普通教育暂行办法》和《普通教育暂行课程标准》两个重要教育法令。这两个法令对封建的旧教育进行了相当程度的荡涤，为教育部接下来所进行的教育改革奠定了坚实基础。

蔡元培在随后的教育改革中又多次请黄炎培参与决策制定，黄炎培的教育视野由此得到了拓展，教育思想理念也深受蔡元培的影响。以至于多年以后，黄炎培说："最初启示爱国者，吾师；其后提挈革命者，吾师。"

教育部在1912年先后颁布了《小学校令》《中学校令》《专门学校令》《大学令》《师范教育令》等法令。

黄炎培经过一番考察和调研，发现小学的教育有一个重大问题。小学生们尽管学习过算术，但一到生活中就不会使用。他们尽管学过一些植物的科名，但是家里庭院中的许多花草并不认识，也不知道身边的树木叫什么名字。学校所教授的内容并不能让学生应用于实际生活中。

《中学校令》这些政令强调以普通教育为目标，在这样的目标指导下，学校主要是对学生传授文化知识，不能对学生进行技能的培养。国家要大量培养中学生，但高等教育却没有同步发展，这便导致大量的中学生在毕业之后既不能顺利升学，又因为缺乏足够的经验，不能从事相关的职业，从而成为高等流民。

民国政府教育部于1913年8月颁布了《实业学校令》和《实业学校规程》，规定实业学校分为甲、乙两种。甲种实业学校基础和条件比较好，所以定为省立学校，分预科、本科，预科1年毕业，本科3年毕业。但《实业学校令》并没有解决教育的根本问题，实业学校只传授农、工、商的知识，重理论，轻实践，从而导致一些实业学校成了"失业学校"。

黄炎培针对教育与社会发展脱节的现状，在10月发表了著名的

《学校教育采用实用主义之商榷》作于1913年8月

《学校教育采用实用主义之商榷》一文，号召人们"打破平面的教育，而为立体的教育"，"渐改文字的教育，而为实物的教育"。

"学校教育采用实用主义"的思想切中了我国清末民初教育界普遍存在的问题。实用主义教育一经提倡，应者云集，在民国初年成为一种教育思潮，风靡全国。江苏省的教育在黄炎培的改革推动下逐渐走向了全国前列。

辛亥革命失败了，袁世凯复辟帝制的步伐逐步加快，对清王朝念念不忘的辫子将军张勋出任江苏省第二任都督。黄炎培对此极度失望，他很快辞去了江苏省教育司司长的职位，回到了上海。

黄炎培租住在上海老城厢西门林荫路附近的一间陋室里，陋室名为"非有斋"，取自《庄子·知北游》中"吾身非吾有"这句话。忽然有一天，写有斋名的牌匾不见了，黄炎培落寞之余觉得好笑，把陋室之名改为了"非非有斋"。

北洋政府成立后，张謇被聘为农商总长，黄炎培后来才知道，张謇曾为他挡下了一件麻烦事。袁世凯一直尊张謇为老师，有一天，袁世凯向张謇问起了黄炎培这个人："闻江苏有一黄某，很活跃，我想招他来，政事堂里还缺人。"

"黄某不宜做官，外边也要留个把人的。"张謇直接打消了袁世凯的念头。

张謇了解袁世凯的为人，更知晓黄炎培的志向，他后来把这事告诉了黄炎培，还提到了袁世凯的一句话："江苏人最不好搞，就是八个字，'与官不做，遇事生风'。"

第六章 教育考察寻病因

黄炎培在担任江苏省教育司司长时，曾经大范围调查了江苏省的地方教育状况，全省六十县，他就涉足了其中三分之二。当时的他已经有了考察全国各省教育状况的想法。在江苏省教育行政机关工作的两年时间里，他从未放下这个心愿。

1914年2月22日，黄炎培从上海回到江苏，交卸完江苏省教育司司长的工作，结束了在江苏的两年教育行政工作。随后，他立刻开启了期待已久的教育考察之旅，他在《黄炎培考察教育日记》第一集中对此行的目的作了明确的解释：

> 此行诚以考察教育为主。虽然，教育者，将俾其人克自适于所处之社会，以遂其生存者也，故离社会无教育。欲定所施为何种之教育，必察所处为何种之社会。凡夫一切现象，苟足以表示其一社会之特性、惯习、能力者，皆在所宜考。
>
> 例如，宗教之盛衰，政治之得失，民业种类之差别，物价、工价之消长，以及风俗习尚之异同，不可不三致意。此行并自任二事：其一，各地有志之士则为之介绍，俾互相结识，减其索居岑寂之悲，予以切磋相得之益；其二，各地教育上善良之方法，则为之传播，俾彼此交换所长而促其进步。凡皆余此行之所有事也。

黄炎培虽然辞去了江苏省的教育行政工作，但还保留着江苏省教育会常任调查干事的职位，他此次出行，正是以江苏省教育会的名义向全国各省进行调查。至于经费问题，黄炎培找到了一个两全其美的方式，他已与《申报》主编史量才商议并得到允许，他在游览山川名胜、考察民生疾苦的过程中，以"旅行记者抱一"的名义写稿，并将文稿按期发表在《申报》上。同时，他与商务印书馆的《教育杂志》也进行了商谈，他会把考察过程中见到的所有教育情况和现实评判的内容，按期发表在《教育杂志》上。

早春二月，黄炎培以《申报》旅行记者的身份和随行记者顾志廉、摄影师吕天洲同行，开始了教育考察之旅。黄炎培走遍了安徽、江西、浙江三省，进行了长达95天的教育考察。

5月28日，黄炎培回到了上海，他将三省的教育情况结合当下的社会状况，总结出了许多教育教学中的共性问题，提出了个人的想法和建议：首先，他认为各地中等学校的教材有种类过多的问题，学生费脑苦读，却难以消化大量的知识；第二，中等以下的学校教员，常常误以为自己的工作只在课堂上，在课外就不再尽心力，这也成为教学实践训练的一大损失；第三，学校的教学多是一味地灌输知识，很少启发学生去主动学习。

黄炎培把发表在《申报》和《教育杂志》上的文章整理成书，随后出版了《黄炎培考察教育日记》第一集。

随后，黄炎培北上山东、北京、天津等地考察教育，历时36天。10月21日，黄炎培回到了上海，将文稿笔记整理成书，就有了《黄炎培考察教育日记》第二集。黄炎培受过传统教育，也接受了新学的洗礼，还拥有主政江苏教育行政的经验，这些经历让他对两次国内教育考察之行有了更为深刻的认识，他常常思索除了实用教育之外，是否还有更为有效的教育制度和教育体系。

1914年前后，美国连续颁布相关法律，推动职业教育进入了大发展时期。黄炎培有了向外取经的愿望，正巧此时，他迎来了一个大好机会。

1915年4月，美洲巴拿马运河开通，为纪念这项宏伟的工程，首届巴拿马太平洋万国博览会在旧金山举行。中国组织游美实业团，赴美国考察万国博览会，黄炎培受聘担任随行记者，调查美国教育。他将以《申报》记者的身份，对世博会进行实地采访报道，他还接受了农商部的邀请，担任编辑，为本次出国考察撰写报告。

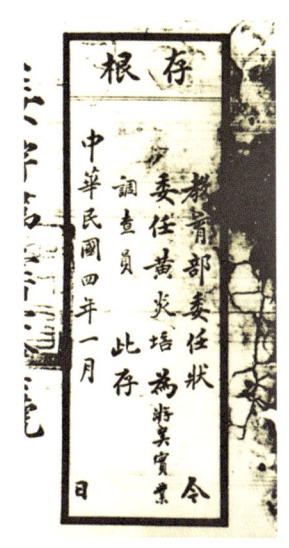

1915年，黄炎培担任调查员的委任状

1915年4月9日，黄炎培跟随游美实业团坐上了太平洋公司的"满洲利亚"号轮船，从上海横跨太平洋，驶向美国。当时的美国经济繁荣，国力蒸蒸日上，这给来自积贫积弱的中国游美实业团成员带来巨大震撼。

代表团在5月3日抵达了旧金山，在美国考察的两个月时间里，黄炎培访问了美国的25座城市，考察了美国的52所小学、中学、大学等各类学校，发现美国的教育和实业联系紧密，美国大学的赞助商大多都是企业，同时，18所职业中学都具有农、工、商、师范、家政等分科。

黄炎培在美国还有很多意外收获，其中一个就是拜访了天才发明家爱迪生。他在6月8日到达纽约后，青年会总干事穆德就对他说："有位老科学家爱迪生想见你。"

黄炎培满怀好奇地来到了纽约郊外的西橘村，这里是一个制造过无数新发明的电机厂。68岁的爱迪生在这里热情迎接了黄炎培这位来自东方的客人,他对黄炎培说:"我老了,没有别的希望,只希望允许我把这座电机厂,带到地下去,让我继续有所贡献。"

随后,爱迪生拿出他最新发明的留声机,对黄炎培说:"黄先生!我知道你是上海有名的人,上海是大都市,现有一种新发明的播音器,请你完全用上海话,向着这播音器说,不到几分钟,就会照你的话放出来。如果上海也有这样的播音器,双方通了电,上海人会同样地听到你这篇话。"

黄炎培十分惊奇,他坐下来,按照爱迪生的指示对着播音器的喇叭口说道:"中国是东方大国,美国是西方大国,两国人民如果同心同意采取和平手段,互相帮助,我相信大家一定走上幸福的道路。上海是中国大商埠,纽约是美国大商埠,我愿代表中国人民提出这点希望,和敬爱的大科学家爱迪生先生在这里握一次手,祝先生长寿!"

几分钟后,一模一样的话和声调从播音器里放了出来,黄炎培的声音通过留声机飘荡在爱迪生工作室的上空,他深感科技的伟大力量,并参观了爱迪生的上百个发明创造,大开了眼界。

他在美国还拜访了另一位名人,亨利·福特。亨利·福特是福特汽车公司的创始人,是世界上第一位使用流水线大规模生产汽车的人,他缔造了美国的汽车神话,被称作"为世界装上轮子"的人。

黄炎培的儿子黄方毅在20世纪80年代曾作为哥伦比亚大学访问学者留学美国,资助他留学的机构正是福特基金会。当时的黄方毅并不知道老福特跟他父亲的这段故事,也不知道黄炎培在第一次出访美国时,就与老福特结下了很深的情谊。

老福特十分质朴,一直都在职工食堂吃饭,黄炎培和他都是穷苦

1915年,托马斯·阿尔瓦·爱迪生(第一排右五)与游美实业团合影,第一排右三为黄炎培

出身,两人十分谈得来。老福特比较木讷,几乎不会陪别人吃饭,但他主动陪同黄炎培在员工食堂吃了一顿饭,他虽然话少,朴素的性格和出众的能力却给黄炎培留下了很深的印象。

爱迪生和老福特让黄炎培很受启发,两人都没有高学历,却都能取得举世瞩目的成就,人才教育的核心不是学生能学多少知识,而是他们能运用多少知识,创造多少成果。

七月初的一天,黄炎培在旧金山的街道上还有一次难忘的偶遇,当时,他正坐在电车上,在人群中偶然说了一句话,一位老翁听到后就挤到他面前来,与他热情握手。

"有事奉商,欢迎先生到我家谈谈。"老翁用中国话真诚地说道。

黄炎培随后就跟老人去了他家,老人名为傅兰雅,是位英国学者,他曾以传教士的身份在中国生活了很长时间,对中国人民有很深的感情。1865年,他到了上海,曾在广方言馆和格致书院任职,并长期受聘于江南制造局翻译馆,这也是他最重要的工作。他做了几十年的翻译工作,翻译了众多物理化学等书籍。那时的"理化"被称为

"格致",黄炎培甚至还读过他翻译的"格致"书籍。

傅兰雅说:"我几十年生活,全靠中国人民养我。我必须想一办法报答中国人民。我看,中国学校一种一种都办起来了。有一种残废的人最苦,中国还没有这种学校,就是盲童学校,因此预命我儿子学习盲童教育,已毕业了,先生能否帮助我带他到中国去,办一盲童学校?"

傅兰雅的话让黄炎培非常感动,他立马答应下来,并把老人的心愿铭记于心。黄炎培从美国回到上海后,很快就完成了傅兰雅先生的心愿。1916年3月,黄炎培用傅兰雅的5万元私蓄帮他在上海曹家渡建起了一所盲童学校,傅兰雅的儿子傅步兰先生担任校长。学校教盲童识字,教他们制藤椅、织毛巾等手工技能,还教他们做体操、唱歌、演讲,教学内容十分丰富。傅兰雅、傅步兰父子把特殊教育事业当作家族事业苦心经营,他们创办并管理的上海盲童学校、上海聋童学校,引进国际特殊教育理念,在20世纪20年代,代表了中国盲聋哑教育的最高水平。

黄炎培在美国考察历时三个月,与美国的教育界、实业界有了广泛接触,深刻了解到美国政府对教育的重视。当时,美国的实用主义哲学家杜威提出了教育"生活化"和"平民化"的两大思想理念,喊出了"教育即生活"的口号,提出教育的权利不应为少数贵族子弟所独有,应该为每一个国民所享有。实用主义教育极大地推动了美国的教育体系优化和经济发展。

黄炎培在《黄炎培考察教育日记》第一集中写道:"以谓吾辈业教育,教育此国民,譬之治病,外国考察,读方书也;内国考察,寻病源也。方书诚不可不读,而病之所由来与其现象,不一研究,执古方治今病,执彼方治此病,病曷能已。"同时,黄炎培也意识到教育要适

1915年，黄炎培赴美考察教育

合国家的实际，他说：

> 余之考察教育，所兢兢于心者不敢忘一"我"字。盖考察者我也，非他也。我之所以考察，亦为我也，非为他也。以故足迹所至，苟有咫闻尺见，其所发第一念即"于我之比较如何"，其第二念即"我之对此当如何"。

黄炎培认为当时美国的经济发达得益于职业教育的发展，学习、引进职业教育，是解决中国教育弊端及其所导致的一系列社会问题的一个良方。

他将此次的考察报告编为《黄炎培考察教育日记》第三集，他在《黄炎培君调查美国教育报告》中写道："观其职业教育之成绩，益觉我国教育之亟宜改革。"

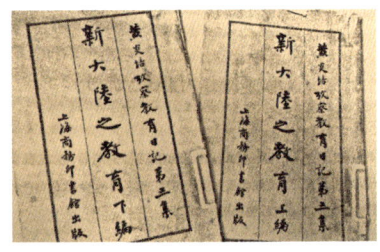

《黄炎培君调查美国教育报告》　　　　《黄炎培考察教育日记》

1917年1月初，黄炎培与陈宝泉、郭秉文、蒋维乔等一行六人，去了日本和菲律宾，开始了他的第二次国外教育考察。考察结束后，黄炎培将这次的考察报告编辑为《黄炎培考察教育日记》第四集。

经过两次国内和两次国外的教育考察，黄炎培深知实用教育不足以满足中国的发展，他更加坚定了信念："提倡爱国之根本在职业教育！"

第七章 使无业者有业，使有业者乐业

职业教育兴起于英国，盛行于法国、德国，到了19世纪末、20世纪初，美国、日本、菲律宾等国的职业教育均有了很大发展。英国在1911年设立了用于职业训练的中央学校，美国于1914年在国会设立了职业教育委员会，3年后又通过了"职业教育法案"，职业教育体系越发完善，西方各国纷纷迈进了职业教育蓬勃发展的新阶段。

而此时的中国社会还沉浸在"万般皆下品，唯有读书高"的旧思想中。以就业谋生为出发点的职业教育仍与主流思想背道而驰，被多数人嗤之以鼻。黄炎培开始为推广职业教育而奔走呼吁，但他要面对的一大障碍就是中国延续数千年的传统思想——"学而优则仕"。

当时的知识阶层把职业教育嘲讽为"抢人饭碗的教育"，甚至还有"君子劳心，小人劳力"的思想，黄炎培无视这些陈腐的思想，坚定推行职业教育。当然，主张"外圆内方"生存哲学的黄炎培，深知从旧传统里推广新教育势必会遇到很多挫折，经过深思熟虑，他选择了一种较为稳妥的推广方式。

1916年9月，黄炎培在江苏省教育会里组织成立了职业教育研究会，收纳会员148人，并制定了议事原则。当时，江苏省的教育水平在全国名列前茅，江苏省教育会在全国教育会中都有很大影响力。黄炎培试图通过在教育界针对职业教育进行广泛的研讨，以求达成共识，为后续推广职业教育奠定基础。

黄炎培也多次通过撰文、演讲等方式在国内宣传职业教育，他的主张也得到了蔡元培的大力支持。1916年，蔡元培应邀在黄炎培所在的江苏省教育会上发表了题为《中国教育界之恐慌及其救济方法》的演说，蔡元培明确提出教育恐慌的原因之一就是"实业教育缺乏，致中学毕业生不能应社会上之用"，救济之法就是要在普通教育中增加实用教育学科，多设实业学校。

黄炎培深信注重实用的职业教育对解决国家积贫积弱的现状具有重要作用。他在《职业教育实施之希望》一文中提出了职业教育之目的在于"解决社会国家最困难的生计问题"。

经过职业教育研究会的多次研讨和宣传，教育界渐渐对职业教育有了一定认识。黄炎培打算创建一个规模更大、影响更大的组织——中华职业教育社，以此来倡导和推动职业教育。

为了筹建中华职业教育社，黄炎培联络了48位发起人，这些联合发起人中有蔡元培、范源濂、严修等教育界人士，有梁启超、张謇、唐绍仪等政界人士，还有一大批金融界、实业界人士。

黄炎培不只是一位教育家，更是一位目光长远的战略家，他集结来这些发起人，可谓是用心良苦。中华职业教育社需要有正确的方向引领，因此要有政治家的加持。中华职业教育社离不开教育的本源，教育是一项极为专业且复杂的工作，因此需要教育家的加入。而教育需要大量且持续的资金投入和相关产业的支

中华职业教育社

上海《申报》刊载中华职业教育社成立

持，因此需要企业家的加盟。黄炎培争取到这些社会名流的支持，也是为中华职业教育社作出了前瞻性的战略布局。

1917年5月6日，黄炎培借助广泛的人脉，联合众多社会贤达，在上海成立了中国历史上第一个职业教育团体——中华职业教育社。

黄炎培在《中华职业教育社宣言书》中提出：

> 今吾中国至重要、至困难问题，尚有过于生计者乎？兴学二十余年，全国学校亦既有十万八千余所，何以教育较盛之区，饿殍载涂如故，匪盗充斥如故？更进言之，谓今之教育而能解决生计问题，则必受教育者之治生，较易于其未受教育者可知。而何以国中自小学以至大学学生之毕业于学校而失业于社会者比比？
>
> 夫职业教育之目的，一方为人计，曰以供青年谋生之所急也；一方为事计，曰以供社会分业之所需也。
>
> 假立救济之主旨三端：曰推广职业教育；曰改良职业教

育；曰改良普通教育，为适于职业之准备。

黄炎培亲自设计了中华职业教育社的社徽，社徽以双手的形制为标志，寓意"双手万能"，倡导勤劳朴素、手脑并用的实干精神。从此，黄炎培与中华职业教育社密不可分，风雨同舟。他也以此为起点，以"使无业者有业，使有业者乐业"为最终理想，开始绘制他的职业教育救国新蓝图。

中华职业教育社的社徽

中华职业教育社成立后，黄炎培被选为办事部主任，他首先要解决的一个大难题是经费问题。

职教社的经费从何而来？政府忙于内战，一心筹借外债，更为缺钱，并且无力顾及国内的教育发展。如果向社会募捐，也只有少数人如聂云台、徐静仁、穆恕再、穆藕初、刘柏生等人慷慨认捐，但这些捐款还远远不够。就在黄炎培为中华职教社的生计一筹莫展之际，筹款的事情突然有了一些眉目。

中华职业教育社成立后不久，黄炎培受北洋政府教育部之托，前往南洋考察华侨教育。他到南洋之后，结识了华侨领袖陈嘉庚。黄炎培与陈嘉庚一见如故，相谈甚欢。陈嘉庚对黄炎培提倡的职业教育全力支持，答应从1917年起连续5年捐赠给中华职业教育社一笔资金，合计叻银（新加坡币）1万元。由此，中华职业教育社的经费问题得到了一定缓解。

黄炎培经过近3个月的考察，调研了南洋华侨的教育情况，写下了《南洋华侨教育商榷书》，他在文章中明确提出："今后世界，兵战乎？商战乎？皆学战耳！"黄炎培坚信，日后国与国之间的竞争，不单是军队之间的竞争,也不单是贸易之间的竞争,而是教育之间的竞争。

为扩大职业教育的影响,黄炎培在中华职业教育社主持创办了中国第一本职业教育杂志——《教育与职业》。《教育与职业》是以职业教育研究为主,兼职业教育通讯的教育期刊,为中华职教社的机关刊物。

1917年10月25日,《教育与职业》正式创刊,每月出版1期,后改为每年出版10期。考虑到国人对职业教育理论和实践并不熟悉,《教育与职业》杂志即刊发了大量职业教育理论及实践经验,又广泛介绍了国内外职业教育的发展状况及动态,比较客观地记录了民国时期我国职业教育在理论和实践上的探索。

黄炎培在第一期发表了《南洋之职业教育》一文,介绍了菲律宾等国家职业教育的基本情况。

他在文中分别阐述了"南洋需要职业教育""南洋先觉者之注重职业教育""南洋职业教育现有之萌芽",最后提出了他对职业教育未来之希望:"观于南洋天产之丰富,吾华侨生齿之浩繁,与土人之蠢愚而短于工作,以为南洋之职业教育不惟重商,尤当重农工。各地于商业学校外,宜兼设农工学校,或于普通学校分设农工科,余之希望一也。商业教育,必备种种相当之设施,若商品陈列室、若商事调查、若商业实习,庶使技能归于切实,余之希望二也。农、工、商职业教育,一以实用主义为基础,凡普通教育各科,咸使改良,以为职业之准备,余之希望三也。而最大之希望,尤在本国宜组织一发展华侨一切事业之中心教育机关,或即利用暨南学校,一方养成师范及农、工、商各种教员,以应南洋各埠之需要;一方收容南洋各校毕业生,予以国民教育,及适应于南洋需要之农、工、商教育;使毕业后活动于南洋社会，为中国增拓未来之富源，世有热心研究南侨教育者，当韪斯言。"

然而《教育与职业》第一期的封面就引发了大家的热议，封面上采用了一幅儿童画，内容是三件人们天天都离不开的普通餐具：一个饭碗、一双筷子和一只汤匙。不少人疑鄙地说："原来职业教育就是啖饭教育。"

为扭转人们的偏见，1917年11月，黄炎培特意撰写了《职业

《教育与职业》第一期封面

教育析疑》一文，发表在《教育杂志》第二期第九卷第十一号上，他在开篇就提出了他对外界褒贬意见的态度："自职业教育论倡始以来，赞许者实繁有徒，怀疑者亦间所不免。余既偕同志创立职业教育社，于怀疑者义当有以释之，于赞许者亦颇冀其反复研究，必达夫深知确信之程度而后已。凡理愈辨析愈明确，余之致欢迎于怀疑者，较赞许者为尤至也。"

随后，黄炎培将职业教育与实业教育进行了比较分析："实业教育与职业教育，二者皆以解决生计问题为目的，然其范围不同。实业教育之高焉者，高等专门实业亦属之；其下焉，仅为职业之预备者亦属之。故论其长，可谓过于职业教育。英语industrial education之名词，依其本义，仅限于工业教育。东方译为实业教育，亦仅限于农、工、商三种，而医生、教师等不与焉。职业教育vocational education，则凡学成后可以直接谋生者皆是。故论其阔，又可认为不及职业教育。"

1918年1月至5月，黄炎培在《教育与职业》第三、四、五、六期中连续发表了《职业教育谈》的系列文章，这篇文章总共只有一千多字，却分为了4期连载。

黄炎培在第三期中明确了职业教育的目的："职业教育之旨三：为个人谋生之准备，一也；为个人服务社会之准备，二也；为世界、国家增进生产力之准备，三也。"

随后，他引经据典，继续用《尚书》来深度诠释职业教育的目的："言治莫古于《尚书》，禹谟三事，曰正德，曰利用，曰厚生。为个人谋生，厚生之说也；为世界、国家增进生产力，利用之说也；有群而后有道德，服务社会，德莫大焉，职业教育为之准备，非正德而何？"

与此同时，他还直接回应了大众对杂志第一期封面的议论："自本杂志第一册以幼儿画饭具揭于面，一时议论蜂起。称之者曰：'善哉！今后之学子，其得啖饭地矣。'诋之者曰：'鄙哉！乃以职业教育为啖饭教育也。'二说背道而驰，果孰非而孰是乎？请得而释之。吾人在世之目的与天赋之责任，其决非仅为个人生活明矣。虽然，苟并个人生活之力而不具，而尚与言精神事业乎？而尚与言社会事业乎？职业教育之效能，非止为个人谋生活，而个人固明明借以得生活者。以啖饭教育概职业教育，其说固失之粗浮，高视职业教育，乃至薄啖饭问题而不言，其说亦邻于虚骄。"

《教育与职业》自1917年10月25日创刊到1949年12月停刊的30多年时间里，共出版了208期，专门介绍宣传国内外的职业教育信息和理念，编译了职业教育专著120多种。共刊载各类文章3139篇，发文章数量10篇以上的作者共21人，而黄炎培以91篇的数量高居榜首。

1918年5月，中华职业教育社成立一周年，黄炎培在特撰的《年

中华职业教育社第一届年会合影

会词》中进一步把职业教育的目的归纳为："为个人谋生之预备；为个人服务社会之预备；为世界及国家增进生产能力之预备。"后来，他又把"谋个性之发展"加入进来，列为职业教育的目的之一。他从个人谋生、个性发展、服务社会、世界和国家的层面，表达了他推行职业教育的初衷，以求达到最终的目的——使无业者有业，使有业者乐业。

多年后，黄炎培与江恒源共同作词，为中华职业教育社写下了社歌：

惟先劳而后食兮，嗟！吾人群之天职。
欲完此天职兮，尚百业之汝择。
愧先觉觉后之未能兮，舍吾徒之责而谁责？
同心组成吾社兮，将以求吾道之昌也。

研究试验以实施兮,期一一见诸行也。

苟获救吾民之憔悴兮,卜吾国族之终强也。

手旗兮飞扬！吾何往兮？

比乐之堂！将使无业者咸有业兮,使有业者乐且无疆。

嗟！嗟！吾愿何日偿兮？天假我以岁月之悠长！

他们将"先劳而后食"作为"人群之天职",充分肯定了劳动的价值。黄炎培通过倡导职业教育,改革传统教育,对传统国人鄙视"动手"的痼疾进行了冲击,中国职业教育迎来一个快速发展阶段。

百年巨匠
Century Masters
黄炎培 Huang Yanpei

第八章 创办中华职业学校

就在中华职业教育社成立一周年之际，大家对一个重要议题产生了分歧：要不要办一所职业学校？

黄炎培此时已经40岁，他耗尽半生精力去寻求教育救国之路，探索职业教育到底是什么。他一直宣扬职业教育，想要在中国全面推行职业教育，但他却没有办过职业学校。

他深知中国传统的教育与职业严重脱离，学校跟社会也严重脱离。他要解决的是学生缺乏动手能力的问题，避免他们毕业就失业。因此黄炎培提出了职业教育的目的是应该解决社会和国家最难的生计问题，职业教育应与广大老百姓紧紧联系在一起。当时中国的民族工商业迅速发展，急需大量的实业型人才，传统的教育体制很难完成这样的人才培养任务。

中国不仅需要职业教育机构，更需要职业教育学校，他们这群职业教育的先行者所提出的"理论"也应该付诸实践。他们应该办一所真正意义上的职业学校，让大家看看职业学校到底是什么样的，他们也应该用实际行动来证明，职业教育对国家的发展能提供至关重要的力量。

大家对开办职业学校的事有很多顾虑，黄炎培后来所写的《职业教育该怎么样办》一文中提到了当时发生的激烈争议："中华职业教育社初成立，吾们同事诸君就创一种议论：该把吾们理想的职业教育来实地试验一下。可是当时就有第二种议论：说话是容易，实行不容易。要是亲身试验而失败,不是社会对于吾社的信仰,根本动摇了么？吾说：就为这样,所以要这样。要是吾们的理想,连自己试验都还没有能成功,还能拿出去哄人么？要是我们存了畏难的心,老是说空话,对人家嚷：'你们去干！你们去干！'而自己怕坍台,不去试验,恰等于带兵的将官们不敢上火线。"

1918年6月,《教育与职业》杂志第七期刊载了《中华职业学校设立之旨趣》,文章中写道："同人鉴于我国今日教育之弊病在为学不足以致用,而学生之积习尤在鄙视劳动而不屑为,致毕业于学校而失业于社会者比比。根本解决,惟在提倡职业教育,以沟通教育与职业。虽然,空言寡效,欲举例以示人,不可无实施机关,故特设此职业学校。"

黄炎培将学校之名冠以中华,将学校定名为中华职业学校,他的办学宗旨就是从根本上帮助国民解决生计问题。在中国的教育史上,"职业"首次出现在了学校的校名里。

学校地址选定在上海市陆家浜,面积仅有租来的7亩地大小。1918年6月15日,中华职业学校在上海西区陆家浜南放生局隔壁举行了奠基仪式,黄炎培在仪式上报告了中华职业学校设立的原因和筹募经费的情况。

作为中国第一所真正意义上的职业学校,究竟该怎么办？1918年初筹办中华职业学校时,黄炎培等明确了办学宗旨："鉴于我国今日教育之弊病在鄙视劳动而不屑为,致毕业于学校而失业于社会者比比。根本解决,惟有提倡职业教育,以沟通教育与职业。虽然,空言寡效,欲举例以示人,不可无实施机关,固特设此职业学校。""本校之设立,一方面在使无力升学之学生得适切之教育,以为职业之预备；一方面在辅助各种实业,以增进其生产能力为主旨。"

在"如何培养学生和将学生培养成为何等人才"这个重大问题上，黄炎培等十分鲜明地指出：欲预备将来之职业，必须有十分精密准确的知识，因此学校"对于所授各种知识竭力注意于正确"。没有纯熟的技能，仍不足以致用，所以学校注重实习，学生半日受训，半日工作，以熟练各种技能。无善良的品行，仍不足以立足于社会，故学校注重学生自治，提倡共同作业，养成共同心、责任心，既勤勉诚实克己公正的美德，俾将来成为善良的公民。学生没有创设新业和增进生产的能力，不足以在今日的世界生存，故竭力注意培养学生这一能力。所以学校的目的，是造就将来各种工厂职工或技师，能以一艺之长自谋生活，成为善良之公民的人才。

随后，黄炎培开始了紧锣密鼓的建校工作。中华职业学校把每一个专业，叫作科。黄炎培在选择学校开设的科目上，就颇费心思。他十分重视调查工作，认为"如为欲设职业学校而先调查社会之需要，以便于各科中定设某科，或于某科中定设某种"。

他组织人手对上海南郊地区的小学进行了深入探访，对936名学生的父兄职业种类进行调查，他们发现这些学生家长有很多都是从事铁工、木工、缝纫等工作的手工劳动者。当时中国的制造业刚刚起步，国内的工厂连铁钉这样简单的工具都做不出来。当时的铁钉大量依赖进口，叫作洋钉。黄炎培与学校的初创人员经过商量，决定首先开设铁工科、木工科，更有针对性地为刚刚兴起的机械制造行业和土木建筑行业输送人才。

搪瓷又称珐琅，是一种通过烧制将粉末玻璃熔合到基板上制成的复合材料。过去的纽扣十分讲究，要用布条把它缝起来，再织成各种花样的纽扣。当时的珐琅和纽扣这两种舶来品不断倾销中国，中国生产的这些产品极度缺乏竞争力。但实际上，这些洋货都不难在国内生

中华职业学校教学大楼 —— 中华堂

产，黄炎培希望成为国货制造的先导，就在学校增设了珐琅科和纽扣科。

1918年8月20日，作为职业教育试验点的中华职业学校正式开学，以铁工和木工为主，设置铁工、木工、纽扣、珐琅四科。学校以"敬业乐群"为校训，倡导"双手万能"的理念，提倡"劳工神圣"，中华职业学校的学生在入学时需要填写入学誓约书，誓约书上的第一条就是"尊重劳动"。

学校对学生的管理十分严格，强调"铁的纪律、金的人格"，要求学生在纪律上要像铁那么坚硬，在人格上像黄金那么尊贵和纯洁。

黄炎培在学校里实行半军事化管理，以此磨炼学生意志，学生还在校内成立了义勇军。

黄炎培一直奉行的教学理念是让学生能学以致用，他在1927年写的《办职业教育须下三大决心》中说道："职业教育是绝对不许关

中华职业学校青年义勇军授旗典礼

了门干的，也绝对不许在书本里讨生活的。……所以，职业教育绝对不许理想家和书呆子去干的。"

学校给每一个专业学科设置了对应的工场，比如铁工科对应有铁工场，珐琅科对应有珐琅场，木工科对应有木工场。这些工场既承担了学生实训的教学任务，同时也对外承接一些经营业务，生产真实的产品，生产出来的合格产品还能供应给社会，这些流通到社会的产品也天然地成了学校的宣传名片。

潘仰尧在1920年1月被聘为纽扣科普通主任教员，后担任学生自治导师。他经常到学校巡视，遇到学生就问长问短，对全校学生的名字和学习情况都十分了解。得知学生生病，他会与其他教师轮流前去慰问，遇到学生难以完成功课的情况，他就在休假日把学生叫来，对学生们进行辅导，帮助他们完成作业。潘仰尧一个月的时间里外出的次数不超过三次，每次几乎不超过两小时，他对学生极为上心，对工作更是负责。

铁工科学生进行钳工实习 　　　　　　　　学生在机械工场实习

学生在木工科实习 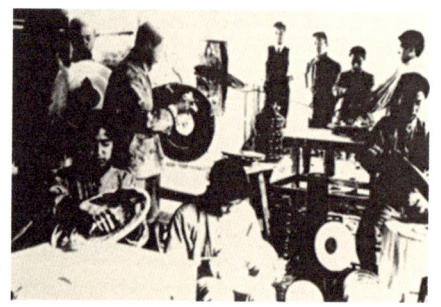　　　　　　　　　　　学生在珐琅科实习

　　后来成长为中国近代知名记者和出版家的邹韬奋在南洋公学读书时就曾聆听过黄炎培的演讲，对黄炎培的爱国思想以及中华职业教育社"使无业者有业，使有业者乐业"的宗旨，有着强烈的认同感。邹韬奋为人正直，写作功底和英文基础非常扎实，深受黄炎培的器重。

　　在黄炎培的推荐下，邹韬奋于1922年加入了中华职业教育社，并担任编辑股主任，负责编辑《教育与职业》杂志、《职业教育丛书》等刊物。同时，他还被中华职业学校聘为英文教员，兼任英文教务主任。英文教务主任的职责是负责排列课程，分配钟点，选定课本等。

邹韬奋很喜欢给学生们教授英文，他每天上午教三四个小时的课，从不觉得辛苦。他的教学方法有效又有趣，后来许多职校毕业的学生回忆起他的英文教学，总是大加称赞。

黄炎培让学生进行自我管理、自我服务，希望培养学生的自立能力。学校章程中有明确规定："学生除半日工作外，凡校内一切洒扫、清洁、招待等事，均由全体学生轮流担任。""校舍不够，扩充建筑校舍，教师和学生合力自砌壁，自铺瓦；运动场不够，扩建收买场地，教师和学生自平治，全校不用一校役。"

1918年10月，学校仿照美国都市制，成立了学生自治组织。全校假设一名称，叫"职业市"，里面有执行部，设正副市长及各科。

最初规定一间卧室为一区，后改为8人为一村，每村都取了村名，如朝村、静村、协村等，后来还设立了学生贩卖店、储蓄银行、图书馆等。1919年4月，增设了立法、司法、行政三部，有市议会，设正副议长，有检察长、审判长及推事。他们都从民众中选举产生，由学生票选，教师从旁监督指导。

通过设置法院，让学生在断案中锻炼思维能力。设置的储蓄银行，名为中华职业银行，银行为学生们提供存折，让学生们把带来的粮、钱都存进银行，需要时再来银行支取。这个"银行机构"还为会计专业的学生提供了一个锻炼平台。学校把食堂和后勤也都交给了学生，让学生去市场上采购物资，锻炼他们的经营能力。

"职业市"为学生搭建了一个动手动脑的真实平台，让学生"觉得我的职业里头有很大的世界，可以发挥我的思想，使用我的才能，那么就会发生很浓厚的兴趣"。

学生自治的设置受到了社会各界的广泛关注，许多人特意赶来学校参观，还有人过来求要自治章程。为此，中华职业学校把一年以来关于学生自治的情况和教员的相关意见汇编起来，进行公开发表。

1919年，黄炎培为职校的《学生自治号》撰写了发刊词："五四以后，各学校震于学潮的利害，大家议论今后的教育方针，于是学生自治，成为一个新流行的极时髦的名词。"

中华职业学校学生成绩报告单

学校把治校的经验教训通过《学生自治号》公布出来，与大家一起交流探讨。黄炎培在后来所写的《"五四"纪念日敬告青年》一文中进一步指出："学生自治，是学校最好的结合。吾人须了解学校自治真意义，实共和国家的基础。对己在以自力养成规律的生活，对人在以群力发挥服务的精神。"

职业教育则不仅仅是知识的传授，更多的是职业能力的培养。中华职业学校的学生毕业证书也有一套严格的颁发制度。学校把学生的教学工作划分为两个阶段，学生的第一个学年和第二个学年在学校里学习，作为第一个阶段，到了第三个学年，学生就去工厂企业实习锻炼，作为第二个阶段。

第一年和第二年的教学规划里有理论课，也有实践课，第三年，学生去企业里接受用人单位的考评。为了检验培养出来的学生是否为合格的技术管理人才，学校规定，学生毕业时先颁发休业期满证书，在服务社会一年后，用人单位证明合格，才授予毕业证。这使学校历届毕业生确实能成为有用的人才提供了制度上的保障。

中华职教社成立这年的11月，俄国十月革命取得了胜利，世界

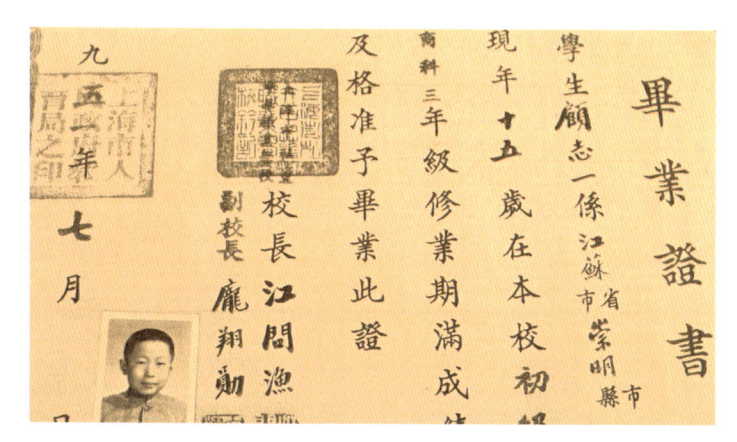

中华职业学校毕业证书

上第一个由无产阶级领导的社会主义国家诞生。

蔡元培较早地提出了"劳工神圣",他当时受第一次世界大战结束后国际工人运动的影响,在1918年11月发表了题为《劳工神圣》的演说,提出了"我们要自己认识劳工的价值!劳工神圣"。黄炎培深受蔡元培的影响,在中华职业学校的教室工场里悬挂着"劳工神圣"的大字匾。

1920年,在五一国际劳动节前夕,李大钊发表了演说,盛赞俄国十月革命的成就,并发表文章说:"过去的五一节在中国并不是劳工阶级的运动,只是三五文人的运动;不是街市上的群众运动,只是纸面上的笔墨运动。""中国的劳工同胞,要把今年的五一节作为一个觉醒的日期!"

中华职业学校在这个觉醒日沸腾了起来。学生在一座大席棚底下,召开了"五一劳动节纪念大会",到场除了有全校师生之外,还有一大群来自校内、校外的工人。"劳工神圣"四个大字赫然立在高处。在全国沸腾起来的1920年五一国际劳动节纪念活动被称为"马克思主义与中国工人运动相结合的一次较大规模的尝试"。

此后,中华职业学校每逢五一国际劳动节,工人和学生都会举行集会,来纪念这个神圣的节日。

黄炎培专程到北京拜访了李大钊,与他畅谈国内、国际大局的发展,李大钊说:"我们的看法大致相同,主要是唤起民众。只是在做法上,你们重教育,我们教育外还重组织,我们密切联系罢。"

中华职业学校是当时国内最富有试验性的学校,因而遭受了社会各界的诸多非议。很多保守人士骂职业教育是"吃饭教育""讨饭教育""啖饭教育",一些教育家也认为职业教育太偏、太狭、太鄙陋,发出了很多嘲笑之声。

黄炎培后来将他的四子黄大能从当时的贵族学校沪江大学附属中学转到了中华职业学校,足以证明黄炎培对中华职业学校的教学信心。

黄大能到了中华职业学校,也和其他男同学一样剃了光头,穿上了蓝色工服,接受着中等专业技术训练。在中华职业学校的3年时间里,他一直铭记着父亲的谆谆告诫:"要在社会上成为一个真正有用之才,必须从中等学校就开始接受专业训练。以后,即使你没有机会接受高等教育,也可以在工作岗位上发挥你的专长。"

黄大能遵循"手脑并用、双手万能"的职业教育理念,学习铁路桥梁知识,去建筑工地等施工一线进行实习锻炼,后于1935年考入了复旦大学土木工程系。

黄炎培为建设好中华职业学校投入了巨大心力,但作为一所私立学校,中华职业学校在建校初期就面临了很大的财政困难。中华职业教育社和中华职业学校的经费一直都不充裕,最初时,发起人和少数热心的校董给了学校一些赞助,支撑学校运转了一段时间。但职业教育作为一种新兴的教育类型，其探索必然是曲折的，学校的教学试错成本也是高昂的。当初，学校耗费了几万元来买地、建校舍、造厂房、买机器，而附属工场以教学为主，不强调经营，因此常常入不敷出。特别是到了1922年冬，各实验工场耗费巨大，仅珐琅场就耗费10万元以上。

宋汉章（1872—1968），中国近代金融家

学校负债累累，急需一笔起死回生的资金。黄炎培为此焦头烂额，他担心学校师生知道学校的财务状况后会出现恐慌，也担心债权人找上门来，让学校有破产的危机。黄炎培非常忧心，若是如此，"再没有人敢办职业学校，我将为职教罪人"。

这时，有人向他建议发行学校公债10万元，定期还本付息。而在当时，要发行债券必须邀请到有信用的社会贤达联合署名。当时中国银行的行长宋汉章是民国第一届银行公会会长，在上海工商界颇有威望。就在袁世凯复辟帝制，勒令中国银行、交通银行停止兑换钞票时，宋汉章曾拒不受命，在国人心中留下了极好的声誉。

虽然宋汉章是中华职业教育社的48位联名发起人之一，但黄炎培和他的交情并不深厚。为了学校的生存，黄炎培特意前去拜访这位严谨刚正、丝毫不肯通融苟且的银行行长宋汉章。

黄炎培来到中国银行见到了宋汉章，倾谈之中，他诚恳地提出了让宋汉章支持职业学校发行债券的请求。宋汉章瞪大了眼睛注视着黄炎培。

"我宋汉章三字可以签在你们这种债券上的么？"宋汉章很干脆

地说。

黄炎培沉默不作答。

"别的不说，你们学校的会计，靠得住的么？"宋先生又说。

"宋先生！一般学校的会计，我不敢说，我们中华职业学校的会计，我敢说靠得住。"黄炎培斩钉截铁地回答。

宋汉章不语。

"宋先生！我今天拜访，原是敦请先生当经济校董，署名债券，此层姑且不说，倒是承先生提及对于我们学校会计的感想，我为表示心迹，恢复信誉起见，无论如何，先要恳求先生查一回账才是。"

"你们学校里的账，可经得我们去查的吗？"宋汉章再问。

"可以。请先生明天去查也好，得了工夫随时去查也好，今天立刻去查更好。"黄炎培回答得更加斩钉截铁。

"真的吗？"宋汉章问。

"当然真的。"黄炎培回应。

宋汉章瞪着眼睛注视了黄炎培许久。"隔一天我来。"宋汉章变了语气，略微和婉。

黄炎培回去后恭敬地写了一封信，诚请宋汉章先生到学校来查账。一天清晨，宋汉章郑重地来到职业学校，一本一本地仔细检查账簿。

"宋先生，这种账还过得去么？"黄炎培和婉地询问。

"好。"宋汉章简捷地回了这一个字。

"宋先生！既承先生看我们学校的账还不错，那要恳求先生署名我校的债券了。"黄炎培一边说，一边从袋子里取出空白债券，送到宋汉章面前，不到一分钟，"宋汉章"的三字图章就出现在中华职业学校的债券上了。

由此，学校的资金状况得到缓解，宋汉章公正严谨的态度为中华职业学校博得了宝贵的社会信用，学校顺利度过了这段危险期。

黄炎培在教育上的远见卓识和办学能力得到了社会的广泛认可。1921年和1922年，北洋政府两次要求黄炎培担任教育总长，时任大总统的黎元洪亲自致电，邀请黄炎培出任教育总长，他都推辞不就，并回应道："并不是我搭架子，也不是我怕难，实实在在我和同志们发起了中华职业教育社，办了中华职业学校，叫喊了几年，结果还是丢掉了，去做官，良心上实在说不去。"

1922年，黄炎培写下《中华职业教育社成立五年间之感想》，发表在《教育与职业》第三十五期上，他在文中写道："当本社成立之前，教育界盛倡实用主义已有年。迨本社成立，大都以倾向实用主义者倾向职业教育。"

他在文章结尾处写道："吾社成立五年矣，虽蓬蓬有春气，而无穷希望，尚在方来。既忝服社务，辄抒积感，以告同志。更五年观其发展，何如也？"

中华职业学校陆续增设了土木、留法勤工俭学、染织师范、商业等学科，还设置了机械职工训练班、会计职业训练班等。学校附设的几家工场逐渐走上了良性经营的轨道，不仅助推了国货的兴起，还在一定程度上抵制了外货，尤其是珐琅业。上海这类工厂的数量逐渐增多，大部分珐琅工厂都有职校毕业生参加其中。中华职业学校的珐琅工场与机械工场也先后发展成为"中华珐琅厂"和"中华铁工厂"，早早成为独立的组织，在上海同业里，站在了前列的位置。

中华职业学校的学生虽然上的是高中课程，但有的毕业生已经达到了专科大学生的水平，中华职业学校凭借严格的教学和高标准的人才培养理念，积攒下了很好的业界口碑，有些针对大专以上学历的岗位同样对中华职业学校的毕业生热情开放。

一部中华职校的校史,还是一部人才辈出、群星璀璨的历史。在几十年的办学历程中,从中华职校走出了张闻天、邹韬奋、徐伯昕、顾准、华罗庚、秦怡、黄大能、江竹筠、祝幼琬、傅正泰、孔柏基、朱森林、朱宗葆、王世绩、顾心怿、郭强等众多德才兼备的政界领袖、革命英豪、科技才俊、两院院士、外交精英、文化名人、教育功臣、劳动模范等杰出人物。

当年家境贫寒的华罗庚来到中华职业学校读书,他从学校毕业之后,继续自学,考上了清华,后来开创了中国数学学派,成为一名享誉世界的数学家。他一生感激中华职业教育社,曾说:"骨干得之于本社的艰苦精神,血肉得之于清华的图书馆。"

黄炎培所提倡的职业教育,为更多的贫寒子弟提供了成长成才的渠道。中华职业学校在一片质疑声中成长,逐渐凭借优良的办学质量赢得了家长和学生的认可,来学校参观的各界人士络绎不绝。中华职业学校的毕业生深受实业界的欢迎,被冠以"中华牌"的美誉。

百年巨匠 黄炎培 Century Masters Huang Yanpei

第九章 中华教育改进社

1914到1917年期间，黄炎培分别进行了两次国内教育考察和两次国外教育考察，完成了四集《黄炎培考察教育日记》，为教育考察研究留下了大量珍贵的资料。黄炎培如同一个教育调研的独行侠，凭借对教育的满腔热忱完成了四次教育考察，写出了四本调研性质的日记。四年后，一个庞大的教育调研组织在黄炎培等人的推动下诞生了，这个组织也为中国的职业教育拓展出了一个新的发展方向。

1921年12月23日，实际教育调查社、新教育共进社、《新教育》杂志社三大教育团体合并成立了"中华教育改进社"，组成了中国近代第一个集教育研究、调查、编辑、推广四项任务为一身的教育机构。黄炎培与蔡元培、范源濂、张伯苓等9人被推举为中华教育改进社的董事。

中华教育改进社以"调查教育实况，研究教育学术，力谋教育进行为宗旨"，主要社务有"通信或实地调查各种教育状况""依据实际问题研究解决方法""提倡教育事业之发展及学术之研究""辅助个人或机关对于教育之实施或改进事项""编译关于教育之书报""其他关于教育改进事项"。

新教育共进社于1918年12月由江苏省教育会联合北京大学、南京高等师范学校、暨南学校和中华职业教育社五大教育团体共同发起成立，随后，新教育共进社逐渐发展壮大，天津南开大学、南京河海工程专门学校、上海高等工业专门学校、全国青年协会等十几个机构

中华职业教育社董事合影

陆续加入该社。1920年1月，黄炎培被推选为新教育共进社的主任。

新教育共进社在1919年2月创办了《新教育》月刊杂志。《新教育》杂志通过讨论教育问题、宣传教育思潮等方式，在新时代中"发健全进化之言论，播正当确凿之学说"。《新教育》实行分科编辑的办法，在所设的17个编辑组中，特设了"职业教育组"，黄炎培、王文培、过探先、顾树森、邹秉文等人为该组编辑员。

教育调查活动是进行学术研究的基础，实际教育调查社以"调查教育实况，研究教育学术，力谋教育进行"为宗旨，将"通信或实地调查各种教育状况；依据实际问题研究解决方法"作为该社重要的社务，社里的主要人物有不少加入了新教育共进社和《新教育》杂志社。

由此，组成中华教育改进社的三大团体几乎囊括了大部分教育界的先进人物，是中国新教育倡导者极具分量的一次盛大集结。中华教育改进社有陶行知、胡适、蒋梦麟等年轻教育新锐，还有蔡元培、范源濂、黄炎培、张伯苓等资深教育名家。

中华教育改进社下设教育行政、高等教育、中等教育、初等教育、成人教育、幼稚教育、义务教育、师范教育、职业教育、美育、农业教育、工业教育、商业教育等31个专门委员会。

专门委员会在成立之初，就有32名委员，位居各委员会前列。在各专门委员会里，黄炎培和郭秉文分别担任正、副主任。《教育与职业》第四十八期上明确了各个委员的任务是："与中华职业教育社协作，聘请专家讲演职业教育，并指导职业教育事业。"方法主要是："（一）经费：由本社与中华职业教育社担任募集。（二）讲演：物色国内著名专家。（三）讲员任务：甲、巡回讲演，唤起国人注意；乙、担任讲授，造就专门人材；丙、实际调查职业教育状况，指导改进。"职业教育专门委员会成为改进社推进职业教育制度确立的主导力量。

中华教育改进社总事务所设在北京西四牌楼羊市大街，在其他地区设立分社。《新教育》作为其机关刊物，以"养成健全的个人，创造进化的社会"为宗旨，发挥着重要的传播和交流作用。

1922年1月，黄炎培作《民国十年之职业教育》一文，刊载在《新教育》杂志第二卷第四期学制研究号的"民国十年之教育"一栏中。

他在文章开篇中写道："'职业教育'一名词之产生，于今殆不及十年。特立团体——中华职业教育社——之创设，于今亦只四年。而影响逐年推广，至今年由通都而及于腹地，由空论而见诸实事，由浮动之气体而渐变为坚实之固体，由散漫的表见而渐进于系统的团结。"

随后，他分述了职业教育发展的十个要点，即"一、职业学校联合会之成立""二、职业学校之增加""三、职业学校出品展览会之发起""四、新学制确定职业教育之地位""五、大学对于职业教育之研究""六、中学试办选科""七、商业界与教育界之实际联络""八、僻远地方职业教育之发展""九、军队教育之兴起""十、研究职业教育同志之大增"。

其中第四点"新学制确定职业教育之地位"让黄炎培感到格外振奋，1921年11月，全国教育会联合会在广东召开，会上议决了《学制系统草案》。

1922年9月20日，教育部在北京召开学制会议，邀请教育专家和各省教育行政负责人对《学制系统草案》进行审订和修改，黄炎培也受邀参加会议。10月11日，黄炎培继续参加在济南召开的全国教育会联合会第八届年会，并多次对学制改革提出意见。年会第三次大会上，会议讨论了是否缩短职业学校年限，使之与高级中学等齐的问题，黄炎培被公推为学制起草的主席，后因着急赴京，另推选袁希涛起草。这次会议最后通过了《学制系统改革案》。

黄炎培在《申报》上发表了《全国教育会通过新学制案》，文章叙述了从1921年11月议决《学制系统草案》到1922年10月通过《学制系统改革案》的学制改革大致情况，并全文收录了第八届年会所议决《学制系统改革案》的内容。

11月1日，北洋政府以"大总统令"的形式公布了《学校系

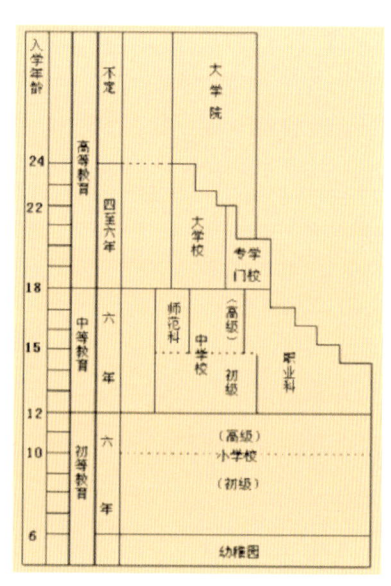

壬戌学制体系

统改革案》，颁布了"壬戌学制"。从此，蔡元培担任教育总长时推行了十年的"壬子癸丑学制"退出历史舞台，新学制"壬戌学制"开始在全国推行。

"壬戌学制"建立了自成体系的、从初级到高级的职业教育系统，用职业教育制度取代了清末的实业教育制度，第一次确定了职业教育在学制中的法律地位。

1922年12月，黄炎培满心欢悦地写下了《民国十一年之职业教育》，文中所述本年职业教育的四件大事中，头等大事就是"职业教育在新学制系统中之确立"：

> 其间规定职业教育各项如下：
>
> （一）小学课程得于较高年级，斟酌地方情形，增置职业准备之教育。
>
> （二）初级中学得视地方需要，兼设各种职业科。
>
> （三）高级中学分农、工、商、家事等科，但得酌量地方情形，单设一科，或兼设数科。其依旧制设立之甲种实业学校，改为职业学校或高级中学农、工、商等科。
>
> （四）职业学校之期限及程度，得酌量各地方实际需要情形定之。其依旧制设立之乙种实业学校，酌改为职业学校，收受高级小学毕业生，亦得收受相当年龄之修了初级小学学生。
>
> （五）为推广职业教育计，得于相当学校内，酌设职业教育养成科。
>
> （六）大学及专门学校得附设专修科。凡志愿修习某种职业而有相当程度者入之。
>
> 从此，各省区根据新制，对于职业教育已在计划与整理中。

1922年10月30日，黄炎培受河南省教育厅厅长凌冰的邀请，来到开封规划河南职业教育。他调查了开封、郑州等地的省立各实业学校的基础情况，在"新学制"颁布后拟定了《河南职业教育进行计划》，在计划中明确了该省职业教育的发展、职业教育的行政机关及各类职业教育的设施、教育工作推进方式等内容。

1923年1月21至23日，为加强教育与实业的联络，江苏省采纳黄炎培的建议召开了"教育实业行政联合会"，黄炎培根据本省地方状况和平日的调查研究制订了《江苏职业教育计划案》，他在计划案的大纲中首先确定了计划全省职业教育的总机关，提出："今本会既由教育、实业行政两部分组合而成，而中华职业教育社又设在本省，最好即由本会及该社会同担负计划职业教育，分部进行，按期报告，以专责任。"

其次，他在计划案中申明了本省职业教育各机关的宗旨："自新学制颁行，职业教育之地位，已经明确规定。如甲、乙种实业学校改为职业学校，以及初级中学兼设之职业科，高级中学分设之农、工、商、家事科，大学及专门学校附设之职业专修科，小学高年级增置之职业准备教育，皆属职业教育性质。他如地方慈善团体，农场、工场、商店附设之教导职业，或补习职业机关，虽非正式学校，然其事业，实属职业教育范围。以上种种，皆应明定宗旨，一切设施，依之以行。责成前项总机关，统归计划，一致进行。"

1923年2月1日，安徽省召集了省内外教育专家组织召开"安徽省实施新学制讨论会"，中华职业教育社主任黄炎培、中华教育改进社主任干事陶行知、东南大学农科主任邹秉文、安徽女子职业学校校长李馥丞等24人受邀参会。在这次会议上，黄炎培和邹秉文、韩竹屏制订了《安徽实行新学制后之农业教育办法》，并提交大会讨论，还单独拟订了《改进安徽职业教育办法案》,由大会通过。

"新学制"的颁布推动了各省市的职业教育发展,黄炎培积极参与到了河南、江苏、安徽、云南等多个省市的职业教育发展规划中,积极推动了新学制中关于职业教育的制度落实。黄炎培除了奔走在各省的职业教育规划讨论会以外,也在中华教育改进社的每一届年会中不断推进职业教育的改革和发展。

1922年7月3日至8日,中华教育改进社在济南召开第一届年会,会议讨论了学制、教授方法和教育经费等问题。黄炎培在开幕式上作了题为《职业教育》的演讲,其中提到了女子职业学校的问题:"至今年四月为止,全国有职业学校八百二十四所,比较民国八年教育部的调查,增加在三分之一以上。但是又有一张比较图,全国男子职业学校有百分之八十八,而女子则不足百分之十,这件事不但女界同志要注意,男子亦当重视此事;因为女子职业教育连萌芽时代还谈不到呢。"

黄炎培在演讲中再次强调了学生和学校在职业教育中的责任和义务:"有人以为职业教育就是为个己谋生活,这种误会,不可不注意。职业教育所包括的农、工、商、家事等,不仅是为个人谋生的,并且是为社会服务的。所以凡是含职业性质的学校,同时须注意使学生知服务的义务,并养成服务的习惯。在中国生计问题固然重要,但是我国人不知合作,亦是一重要问题。学校方面必得养成此种习惯。再说教育,不过能给人一些知识、技能、力量究竟有限,所以教育的作用,应重在发展本能。办职业教育的,亦当注意此事,使凭本能的发展,以改造将来所担负的责任。"

在年会期间,由黄炎培任主席的职业教育组开了四次会,参会人员讨论了诸多重要议题,比如在职业学校学程和行政机关中增设职业教育专科、职业指导与介绍、职业补习以及女子职业教育。在讨论的数十项议案中,最终通过了多项重要职业教育议案:《编造全国职业教育统计案》《推广女子职业教育案》《各种职业团体筹款设立职业学校案》《省教育行政机关应设职业教育科并置专科学员案》《组织职业学校学程标准案》《推广工人工徒职业教育补习案》等。

黄炎培在1923年8月和1924年7月先后参加了中华教育改进社第二届、第三届年会,和各地的教育界同人共谋职业教育发展大计,促进全国的职业教育蓬勃发展,全面振兴。

中华教育改进社在教育界的影响力日益增大,整个团体也在逐步壮大,不断有新的机关和个人社员加入。从1921年初成立到1923年12月,社里的教育机关从61家增加至118家。到1925年的第四届年会时,中华教育改进社的个人社员多达2300余名,吸纳了全国大部分教育界的知名人士,入社机关达到150个,基本上包括了这段时期大部分较好的中学、高校、教育社团。

百年巨匠
Century Masters
黄炎培
Huang Yanpei

第十章 大职业教育主义的诞生

1925年暑假，中华职业学校毕业生共53人，学生毕业后均无法找到工作，校长潘文安先后发出90多封信函，也没有得到任何消息反馈。黄炎培等人亲自去各个行业做工作，在学校的全力帮助下，最后寻到工作的毕业生也只有五六人。

潘文安感慨道："普通学校毕业生无出路，已足惹人诟病，苟职业学校毕业生亦无出路，益将令人怀疑失望，而职业学校生机危矣。"

黄炎培再度陷入深思，职业教育没有取得预期的成功，还是无法根除传统教育与社会经济发展脱节的弊病。

1925年12月13日，黄炎培提笔撰写了著名的《提出大职业教育主义征求同志意见》一文，他在文章开头就直接抛出了疑问：

> 我们同志八九年来所做工作，推广职业学校，改良职业学校，提倡职业补习教育等等，也算"尽心力而为之"了。可是我们所希望，百分之七八十没有达到。这是什么缘故呢？国事捣乱，教育当然不发达，不差。社会经济困难，职业教育当然不发达，不差。一般教育不发达，职业教育当然不发达，也不差。可是平心想来，这种责任是否可以完全推在"时机"身上？设遇到良好时机，照我们所用方法，是否一定的大收效呢？就是遇到不良好时机，究竟有没有法子可以战胜困难，可以自己造成较好的环境，使我们工作收效

呢？想了又想，依这样方针，用这样方法，吾就不说"不对"，吾总要说"不够"。

"不够"怎样呢？以我八九年的经验，很想武断的提出三句话，就是：（一）只从职业学校做工夫，不能发达职业教育；（二）只从教育界做工夫，不能发达职业教育；（三）只从农工商职业界做工夫，不能发达职业教育。

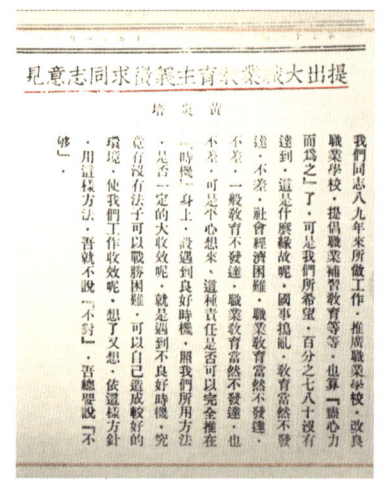

《提出大职业教育主义征求同志意见》

在文章的结尾，黄炎培给出了他深思熟虑后的答案：

怎样才好呢？积极说来，办职业学校的，须同时和一切教育界、职业界努力的沟通和联络；提倡职业教育的，同时须分一部分精神，参加全社会的运动。……内部工作的努力不用说了，对外还须有最高的热诚，参与一切，有最大的度量容纳一切。其实岂但职业教育，什么教育都该这样，也许什么事业都该这样。这样职业教育方针称他什么呢？大胆的称他"大职业教育主义"。

这篇文章于1926年1月发表在《教育与职业》上，黄炎培首次提出"大职业教育主义"一词，明确了专守教育岗位，不足以救国的思想，提出要"分一部分精神，参加全社会的运动"。

黄炎培深知相比普通教育，职业教育与社会生活有着更紧密的联系，他认为"职业学校有最要紧的一点，譬如人身中的灵魂，'得之则生，弗得则死'，是什么东西呢？从其本质来说，就是社会性。从其作用来说，就是社会化"。

职业教育应该融入各种类型的教育当中，实现教育的跨界融合。职业教育要走出校门，与社会相融合。职业教育要和整个国家民族的独立、发展和繁荣相结合。它不能孤立地存在，要与社会各界相联系，相融通。

此时的黄炎培已经 48 岁，如果说 1925 年以前，他的职业教育理论有很大一部分是学习借鉴国外教育思想的话，那么"大职业教育主义"的提出标志着黄炎培职业教育思想的成熟。"大职业教育主义"成为基于中国实际，具有中国本土特色和中国文化特质的职业教育思想。

黄炎培所推行的职业教育为个人谋业服务，也为国家和世界的发展服务。他在发起成立中华职业教育社时，联合了 48 位政界、教育界和产业界的人士作为发起人，去推行职业教育。中华职业学校得到了诸多爱国企业家支持的同时，也担负起为这些企业输送人才的重任。这就是当下话语体系中的"产教融合"，学校和企业配合起来，让学生得到理论和实践的锻炼，便是早期的校企合作。

中华职业学校将教育与职业相结合，通过教育和经济建设相结合的方式来实现民族复兴，在教育救国的同时，也在实现实业救国。这本身就体现出了黄炎培的大职业教育观。

黄炎培曾希望中华职业教育社要"不问政治"，他虽参与部分政治活动，但只以个人或江苏省教育会的名义。黄炎培逐渐认识到，脱离政治，只埋头搞教育，是无法实现教育救国的理想的。1926 年 2 月，他与杨卫玉、邹韬奋、刘湛恩、王志莘等人在中华职业教育社里提出

"本社以后应加入政治活动,以增实力,并与职业社会做实际联络,以期合作"。

5月6日,中华职教社第九届年会在杭州召开,正是这次会议,使黄炎培的"大职业教育主义"理论被各界同人广泛认可。

黄炎培撰写了《述九年间之职教》一文,刊登在《年会会刊》第一期,他在文中极力倡导"大职业教育主义"理论,提到职业教育的发展分为三个时期,第一个时期为"主义之商榷与名词之诂释",第二个时期,是"社会之响应,与国(家)政府之采用"。1922年颁布的"新学制"确定了职业教育的合法地位,但此后,由于国际贸易失败,国家实业不济,政策悬虚,职业教育再次受挫,随之进入了第三个时期。在人民生计日益艰难的时局下,黄炎培表示:"夫欲解决其生计问题与知识问题,舍职业与教育,更有何道?""大职业教育主义,吾人信为今后所当尽力矣。"

在这次会上,职教社同人对"大职业教育主义"理论进行了广泛讨论。陶行知作了《〈大职业教育主义〉之说明》的演讲,邹韬奋作了《大职业教育主义之说明》的演讲,两人极力论证了"大职业教育主义"理论的合理性和实施的可行性。经过大家的多方论证和检验,黄炎培的"大职业教育主义"理论获得了广泛认可。年会结束后,"大职业教育主义"开始在社会各界传播开来,它亦如初升之朝阳,逐渐将光和热洒向四面八方。

5月8日,中华职业学校联合会召开第五届年会,黄炎培和邹韬奋、章伯寅、杨卫玉等70余人参会。黄炎培在会上讲道:"吾人近来办理职业教育,一面积极进行,一面在进行中时遇困难。据最近所感触,觉吾人专注力于教育方面,为效仍不甚大,以为须与社会上多方面联络,与社会上多方面合作,始能增大效力……徒关门办学校,决难奏效。故近来甚觉大职业教育之必要，曾作一文，登载《教育与职业》第七十一期，此一名词完妥否姑不论，而此种联络合作之精神与方法，则实甚重要。"

此后，黄炎培不断在各种场合阐释"大职业教育主义"，推动这一理念的传播。他深知要实现"大职业教育主义"必须投身到社会活动中去，与国家、民族和广大人民结合在一起。此后，黄炎培开始在后续的诸多职业教育改革中致力于让"大职业教育主义"从理论走向实践，让"大职业教育"的理想逐步变为现实。

1925年底，中华职业教育社创办了专门宣传职业教育和职业指导消息的《生活》周刊，王志莘担任主编。黄炎培在《创刊词》中阐述了办刊宗旨："人与人相处而有社会问题焉，究之，则人与人间之生活问题而已矣；国与国相处而有国际问题焉，究之，则国与国间之生活问题而已矣。""吾鉴夫此问题意味之日益严重，与其范围之日益广大也，欲使有耳，耳此；有目，目此；有口，口此；合力以谋此问题之渐解，作《生活》。"

"大职业教育主义"提出后，邹韬奋于1926年10月接手了《生活》周刊，从第二卷第一期起担任主编。他在1922年由黄炎培介绍进入中华职业教育社工作，主编《教育与职业》月刊，并兼任中华职业学校英文教师。这位立志服务于新闻出版行业的学者，终于找到了一个施展抱负的平台，《生活》周刊成为他正式从事新闻出版工作的开始。

早期的《生活》周刊很少谈论政治问题，主要偏重于伦理道德和职业道德。邹韬奋接任《生活》周刊主编后，从看稿、编辑，到跑封面设计，还有广告、发行以及读者来信，他都事必躬亲，并对内容进行了多项改革。《生活》周刊走出了职业教育的园地，开辟了读者信

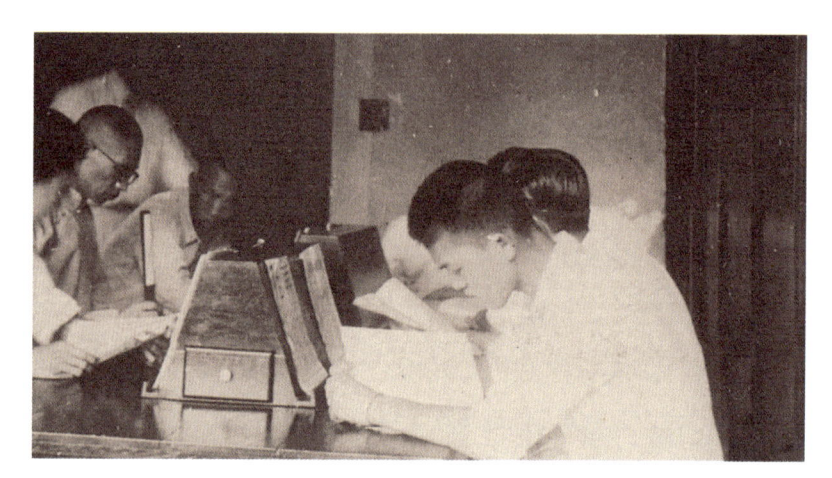

上海职业指导所求职登记处

箱，每周增设了大事记、小言论等新栏目，其中的"每周大事记"让《生活》周刊具有了时事政治杂志的色彩，周刊的发行数量与日俱增。

黄炎培和中华职业教育社给了邹韬奋足够的信任和支持，邹韬奋曾说过："职业教育社诸先生对我始终信任，始终宽容，始终不加以丝毫的干涉。就这一点说，《生活》周刊对于社会如果不无一些贡献的话，我不敢居功，我应该归功于职业教育社当局的诸先生。"

经过诸位同人几年的努力，《生活》周刊发行量竟从1926年的2800份，增加到1932年的15万份，创造了当时中国期刊发行的奇迹，由此奠定了邹韬奋及他所主持的《生活》周刊在新闻出版界的影响力。

"大职业教育主义"提出后，职业指导进入了繁荣时期，我国第一个职业指导的专门服务机构中华职业教育社上海职业指导所成立。上海职业指导所随之推动了其他各地职业指导机构的大量建立，指导内容从原来的毕业生就业或升学指导，逐步扩展到职业咨询、职业介绍、指导失学失业青年的多种类型。

中华职业教育社从原来专重职业学校教育转向职业教育、职业指导和职业补习教育三者并重。关于职业补习教育，黄炎培等人早已把目光投向了农村，并把农村教育作为践行大职业教育主义的重要途径。

早在1921年时，黄炎培在《农村教育刍言》一文中就指出："今吾国学校，十之八九其所施皆城市教育也，虽然，全国国民之生活，属于城市为多呼？抑属于乡村为多呼？吾敢十之八九属于乡村也。……吾尝思之，吾国方盛倡普及教育，苟诚欲普及也，思想十之八九当属于乡村。即其所设施十之八九，当属于乡村生活之教育。"

由此，中华职业教育社率先让职业教育走出城市，走向了农村。

1925年8月17日，黄炎培在山西太原参加中华教育改进社第四次年会，为当地政府草拟了山西职业教育计划，整个计划主要包括两项内容，第一个便是划定区域试办乡村职业教育。

这年秋季，黄炎培首先提出了"划区施教"的农村职业教育主张，提出农村应以区域为中心，而不是以学校为中心，施教者要兼顾该区域的经济、卫生、交通等问题，把它们和教育放在一起统筹解决。几个月后，黄炎培就提出了"大职业教育主义"思想，而正在筹备中的农村职业教育便自然地成为"大职业教育主义"最好的实践。

1926年5月15日，联合改进农村生活董事会成立，黄炎培被选为会长，由赵叔愚、顾倬、冯锐、杨鄂联、唐启宇五人组织调查设计委员会，赵叔愚担任主任，负责完成试验区的地点勘定。

调查设计委员会对试验区的地点做了精心调研和细致勘察，最终选定了江苏昆山的徐公桥作为第一试验区。推进试验区工作的人员仍继续调查其他地点，以便找到合适的第二试验区。

1926年7月5日，中华职业教育社联合国立东南大学农科和教育科、中华平民教育促进会总会，共同试办划区农村改进工作，在江苏昆山创办了中华职业教育社的第一个农村改进试验区，也是中国近现代史上第一个乡村改进实验区——徐公桥乡村改进试验区。

徐公桥试验区面积20平方公里，农民735户，人口3597人。它临近上海，南靠吴淞江，北接京沪铁路的天福庵站，东距安亭站6里，交通十分便利。

黄炎培提到："只有这一处，环顾全国从事乡村改进运动的，也还寥寥，或者可以说绝无仅有，所以很希望进行顺利些，免使新芽遽受摧折。"

黄炎培给徐公桥试验区拟定了一个包含了22点具体内容的综合改进计划，主要有：研究改良农事，研究增进工艺技能，推行义务教育，施行补习教育，指导学生升学或就业，设立职业教育机关，建置图书馆和讲演所，提倡体育，调查农村社会经济，普及卫生常识，创设公共医药所，组建保卫团，提倡修治道路，研究改良水利，成立消防组织，开展慈善事业，保存善良礼俗和岁时娱乐方法，推行国历，培养村民的自治能力、宗教观念和正确的人生观，等等。

徐公桥乡村改进试验区进入了试办期，由赵叔愚担任执行部主任。赵叔愚在哥伦比亚大学攻读乡村教育专业，刚刚获得硕士学位，从美国回来后就投入到了试验区的教育建设中。

1926年10月，赵叔愚指导成立了徐公桥联合改进农村生活事务所，常驻徐公桥，办理一切事务，拟定改进农村生活事业的大纲。

事务所拟定的大纲包含了：（一）散布改良种子，驱逐害虫，提倡副业；（二）改进小学教育，推行义务教育；（三）推行平民教育；（四）施行职业指导；（五）提倡贩卖，购置或借贷等合作组织；（六）筹设通俗图书馆及演讲所；（七）实行卫生运动；（八）提倡修治道路，栽植树木；(九)劝导戒除烟赌；(十)增加娱乐机会。

试验区开办初期，委员会只派遣了一位教员和一位医生下乡，联系和发动农民工作。他们为村民施诊给药，联系发放无息贷款的事宜，设立中华农具推广所，向农民推荐新型农具，有时也代农民购买新农具。他们提倡科学种田，推广优良品种，组织"农友参观团"，举行"农事讲习会"。有时发生天灾，导致农作物歉收，农民无力支付租金，无法偿还贷款，他们就去动员地主减租，或者放宽还款期限，帮农民们渡过难关。

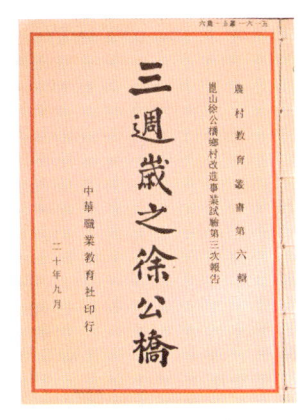

徐公桥乡村改进试验第三次报告《三周岁之徐公桥》

农民及其子女在学习过程中受到奖励，就可以在改进区合作社优先贷款、碾米，打水还可以按九五折收费，如果有困难可以向改进区申请帮助。在赵叔愚的带领下，事务所逐渐推动了农村的教育、公共卫生、文娱活动、修筑道路等事业。

徐公桥只有一个乡立第三小学，徐公桥联合改进农村生活事务所设在保卫团事务所，有时会借小学的地盘来开会。黄炎培过去参加会议时，时常看见赵叔愚四处奔忙的身影。

1927年1月7日，乡立第三小学的操场上盖上了草棚，表演了一出新剧，黄炎培坐在台下，看完了戏剧。后来有一天，黄炎培路过大王庙，与一位老婆婆闲谈。他问老婆婆："你们村中为什么演戏？"

老婆婆说："他们不许人家新年赌钱，所以演戏给我们看。"

"是谁的意思呢？"

"都是蔡望之。"

"蔡望之自己赌钱不赌钱呢？"

"他不许人家赌钱，自己当然不赌的了。"

这一段谈话长久地萦绕在黄炎培的脑海里，他感到十分欣慰，事务所为村民们做出了榜样，也得到了他们的尊敬和信任。

这年3月，黄炎培写下了《办职业教育须下三大决心》，提出："第一，办职业教育，须下决心为大多数平民谋幸福。""第二，办职业教育，须下决心脚踏实地，用极辟实的工夫去做。""第三，办职业教育，须下决心精切研究人情、物理，并须努力与民众合作。"

就在此时，全国政局发生了巨变，黄炎培的职业教育事业受到了巨大冲击，他也随之迎来了一场生死考验。

第十一章 二度逃亡

1927年3月，蒋介石占领了长江流域以南，国民革命军以"北伐"之名进驻上海。在此政权更迭之际，黄炎培被迫卷入政治洪流中，再次陷入了一场危局。

从袁世凯担任临时大总统开始，北洋政府就多次邀请黄炎培入阁，还曾两次任命他为教育总长，但都被黄炎培一一婉拒了。而黄炎培与国民党也有一些过节，他在《中华职业教育社奋斗三十二年发见的新生命》一文中写下了他与国民党的过往恩怨："远在一九二三年，民国十二年，那时候，它的负责人同时是江苏省教育会负责人。国民党在上海欲从地下展开党的工作，借广设平民学校名义，由汪精卫向这些负责人商请出面，把这些学校都伪作江苏省教育会设立。这些负责人一想，我们的根据地都在上海租界以外，在军阀淫威之下，怎么可以呢？就婉转拒绝了。不久，国民党在上海租界开大会，汪精卫当众骂这些人所办教育是'乡愿教育'。对这些人满肚子不痛快，而指不出这些人的坏处，乡愿教育的名称就是这种心理的表现。同时，就替它一群人起一个名词，叫'学阀'。有的人还创出'不革命即反革命'的口号。"

黄炎培成了国民党口中的"学阀"，被国民党视为眼中钉。到了1927年，国民革命军攻入上海后，想租用中华职业教育社的房子，在中华职业教育社里建立国民党的党支部，这也被黄炎培直接拒绝。

有一天夜晚，黄炎培的家门突然被人敲响。有个不相识的青年自称是蒋介石的手下，特意赶来把国民党的阴谋告诉给黄炎培，他焦急地说道："将暗杀五人，中间一人是章太炎，一人是黄先生。快走！快走！天明就太危险了。"

黄炎培与国民党的很多要员私交很深，他们钦佩黄炎培献身教育的精神，于是把这个来自国民党核心集团的内部消息通过这个青年悄悄传递给了黄炎培，以免他遭遇不幸。

黄炎培立刻带了简单的行装和两本杜甫诗集，与夫人王纠思星夜离家，躲到了亲戚家里。他已做好了打算，等天一亮，他就去买西伯利亚通车旅行票，从上海出发去苏联，暂避风波。

4月18日，蒋介石在南京成立了国民政府，开始了排除异己的行动。国民党中央政治会议上海临时分会将黄炎培列为"学阀"，请中央政治会议明令褫夺公权，并通知各教育及其他机关永远不许聘用。

由此，国民党开始通缉"学阀"黄炎培，随后又开始了一系列的迫害行动。

江苏省教育会被国民政府撤销，江苏教育经费管理处被查封，财产经过清算后被全部没收，私立浦东中学被强制改组。

4月23日，中华职业教育社被暴徒围困，暴徒逼着工作人员写下字据，指控中华职业教育社的负责人黄炎培是反动人士。工作人员严词拒绝，没有一个人妥协屈服。

暴徒无可奈何，只能把中华职业教育社的办公室砸毁，封了整个中华职业教育社，最后把所有工作人员赶上大车，逐出郊外。

隔一天，又有暴徒闯进中华职业学校闹事，黄炎培在《中华职业教育社奋斗三十二年发见的新生命》一文中记录了当时的惊险局面："又派暴徒到中华职业学校，将手枪指向校长的胸口，逼令交出学校和工厂。校长正坚拒时，大群学生、工人出来了，大呼'这是我们的

中华职业教育社原教师办公室

学校,这是我们的工厂,谁来接收,和谁拼命'。"

全校师生团结一致,以命护校,暴徒难以应付,只好散去。

黄炎培的出国之行也是困难重重,他去苏联的计划临时受阻,只好改去大连。当时的大连已被日军占领,他就在一个狭小的旅馆里暂住下来。50岁的黄炎培踏上了人生的第二次亡命之旅,不免有些唏嘘。在人生陷入困顿之时,他开始重读《庄子》,写下一篇格言以作慰藉:"在得意的时候,须想世上苦恼人不知多多少少,我哪里忍得一个人单独快乐,——这么想就不至于放肆了;在苦恼的时候,须想世上比我更苦恼的不知多多少少,我这些苦恼算什么,——这样想心就平了。"

黄炎培翻看《道德经》,再悟"为而不争",读《金刚经》,以"如石不动"来自励,从两部杜甫诗集里感受诗圣忧国忧民的家国情怀。他常去日本关东厅下设的铁道图书馆读书,翻看图书馆里收藏的各本杜诗,随读随选。每天清早亲手抄写,最后编成了一本《杜诗尤》。

他时常一时兴起，信笔写下了不少诗词，有"伯有环村呼郑鬼（村民呼日本人为鬼），伍胥载橐走吴囚；苍黄东道翻为客，袖手看人报国仇"的豪气，也有"寥天如晦一声鸡，酒杂悲欢醉作泥；苦忆漪澜堂外树，绕枝彻夜有鸟啼"的洒脱，有"列炬摩空扫曀阴，祖龙手段佛陀心"的禅思，也有"海国凉飕早，名园渌水开；选幽坐觞咏，抱寐谢追陪"的情志。

黄炎培的这次避难更像是一次隐居，他每日手抄诗词、碑帖，用楷体抄录的《杜诗尤》就多达一百多页，这本《杜诗尤》也成了他人生中的一部书法佳作。

这样的生活持续了半年，忽然有一天，一个陌生人不请自来。那人从黄炎培家隔壁开着的窗洞中伸出头来，叫道："黄先生！"

随后，他走到黄炎培的卧室，紧紧握住黄炎培的手说："对不起！对不起！我是日本特工，奉命来监视先生的。先生读书写字这样认真，生活这样严肃清苦，今后我决不受残暴的日本使命，本我良心，做先生的警卫，切切实实地保护先生。先生！我本是小学教员，困于生活，受日本这笔费，我现积有几文钱，从此为先生服务。"

在这半年时间里，黄炎培那些在国民党内身居要职的师友们都在想办法帮他渡过这场危机，蔡元培、邵力子、张群等人一直在蒋介石面前说情，最终成功让蒋介石同意撤销通缉令，但国民政府要黄炎培保证，回上海后只能办教育，不准参与政治。

黄炎培解除了危机，准备回上海，他离开大连时，那位日本特工还替他买了船票，送他到船头。回沪后的黄炎培仍然处于国民党当局的监视之下。

1928年6月26日，为了保护中华职业教育社，黄炎培辞去中华职业教育社办事部主任的职务，推荐曾任江苏省教育厅厅长的江恒源接任主任一职，杨卫玉任副主任。

江恒源有着师范科"举人"和"学部小京官"的称号，他毕业于北京大学，先后任中学校长、江苏省教育厅厅长等职位，当时的江恒源深得冯玉祥赏识，曾被聘任为河南省政府委员兼教育厅厅长。冯玉祥又正受蒋介石重用，黄炎培如此安排，在政治上便为中华职业教育社换来了更大的安全保障。杨卫玉从辛亥革命时开始在江苏办小学，施行新教育，1921年加入中华职业教育社，与黄炎培共事数十年，致力于教育事业。黄炎培、江恒源、杨卫玉并称为中华职业教育社"三老"，他们三人同心协力为中华职业教育社辛勤奉献了几十年。

这一年，黄炎培撰写了商务印书馆出版的《教育大辞书》里"职业教育"的部分，他将职业教育进一步界定为"用教育方法，使人人一方获得生活之供给与乐趣，一方尽其对群之义务，名曰职业教育"。

黄炎培将职业教育划分为几大类别：

第一类，即动植物等生物培养之或取致之以为业者；

第二类，为供给人群生活需要而取致矿物以为业者；

第三类，为供给人群生活需要而就天然物用手工或机械工制造，使之利用以为业者；

第四类，为利人群交通而从事于陆行、水行或空中飞行，或为交流人群思想而从事新闻、邮信、电信、电话等以为业者；

第五类，为流通人群生活需要而从事于货物与财币之交换、货物之运输或积贮、财币之汇兑或储蓄以为业者；

第六类，为谋人群身心之健全发育而从事于教育事业，乃至宗教或音乐、图画、雕刻等各项艺术以为业者；

第七类，为谋人群身体健康而从事医药、看护、保育及身体修洁与锻炼等以为业者；

第八类，为谋人群之安宁与秩序而从事文官、法官、医官、税官、律师，及机关的文书、会计等各项事业以为业者；

第九类，为谋家庭之健康与快乐而从事家庭内的教育、保育、卫生、经济等各项事务为业者；

第十类，为谋国家的安宁与秩序从事水、陆、空各项军事以为业者。

"职业教育者，即就上列十类，分别施以教育是。"

1917年到1927年的十年，是黄炎培带领中华职业教育社筚路蓝缕的十年，也是中国近代教育史上职业教育迅猛发展的十年。全国的职业教育机构从1918年的531个，增加到1926年的1695个；中华职业教育社成员从1917年的786人增加到1927年的6582人。

黄炎培创办了中华职业学校，提出了大职业教育主义思想，推动了一系列职业教育改革。经历了这段政治风波之后，黄炎培辞去了中华职业教育社的职务，但他并没有离开职业教育事业。

他刚刚提出的大职业教育主义正在全国各地扩散，推行农村职业教育的徐公桥试验区在1927年由于合作单位的退出，试验区被迫停办。1928年4月，中华职业教育社以一己之力再度启动徐公桥的农村职业教育计划，黄炎培将继续实践大职业教育思想，开启职业教育的另一段非凡旅程。

百年巨匠 Century Masters 黄炎培 Huang Yanpei

第十二章 开拓乡村职业教育

中华职业教育社独立承办了徐公桥试验区的工作，并在1928年7月为徐公桥制定了一个六年计划。

黄炎培在《与安亭青年合作社谈乡村事业》一文中说道："而又想到乡村是整个的问题，教育是一种的方法，把乡村做对象，不应该单从教育着手。即如乡村经济，在头脑简单的农友们眼光里，怕要占第一位，他们总想学堂是有了饭吃的人才得进去。要是我们没有法子在他们的生活上，尤其是生产上，增加些利益——至少减少些损害，随你讲多少好听的话，全不中用。所以想把全部农村改进的事务，统统包在我们责任范围以内，而不愿限于教育。"

1928年12月23日，黄炎培到徐公桥村巡视，同行的还有中华职业教育社的主任江恒源、中华职业学校的赵蔼吴和徐公桥新村办事员杨懋青。黄炎培发现他们每到一个村庄，都有人认识杨懋青，叫他"杨先生"，他感到欣慰的同时，也深刻地感受到教育"深入民间"的不易。当地不识字的村民占到了60%以上，大部分村民仍在使用效率低下的旧农具。为了进一步做到"与农民合作"，帮助"农民自动改进"，他与各位职业教育同人还需继续努力，寻找让教育"深入民间"的更好途径和方法。

黄炎培在最初设计了农村"富教治"的格局，以此推行"划区施教"的改革，他在后来出版的《断肠集》一书中写道："以富以教以治，使村民稍知有生之可乐，而从事教育者亦不至于以空谈迂阔为社会罪人，此实吾创议农村改进最初之动机。"

黄炎培、江恒源等中华职业教育社的同人倡导先富后教，富教合一，通过以教育为主导，以经济为主体开展农村职业教育，培养健全农民，从而达到"野无矿土，村无游民，人无不学，事无不举"的理想农村社会。

在黄炎培的这种思想指导下，中华职业教育社的同人在1929年正式提出了"富教合一"的思想。当时中国的农村存在四种现象，一穷、二愚、三弱、四散，其中穷成了导致愚、弱、散的根源问题。因此，农村职业教育的首要任务就是帮农民致富。

"富教合一"就是教授农民致富的同时，再教他们实用的知识和道德思想。这种教育方法以物质基础为基本，让他们学习知识，决不能强迫他人不吃饭去做好人。

中华职业教育社在试验区划定的区域里，依照预定计划，用最完善、最经济的方法和技术开展培训教育，以求全区的农民逐渐改善生活，完成从自给自足到自治的转变，从而完成乡村的整个建设。

试验区的教育改革是一项系统工程，农村职业教育处于中心地位，同时涵盖了农事、工艺、卫生、消防、义务教育、平民教育、职业训练等多项事业。

经过6年的试验改革，徐公桥试验区的改革工作成绩斐然。在教育上，入学儿童占到了学龄儿童总数的82.3%。最初的成人识字者仅有五六十人，现在已达1524人。学校数量由公立小学一所、私立小学一所，增为公立小学四所、公立流动教室两处、私立小学两所。

在致富发展上，中华职教社通过组织农民筑路修桥、在试验区里开办试验农场，引进了新式农具，如灌溉、砻谷、打稻、碾米、弹棉等工具，推广了优质农作物，成立了3所正式合作社和试办合作社，社

黄墟镇农村改进试验区纪念大会

员 467 人，土布、花边、刺绣的销售行情也十分乐观。

徐公桥试验区的改革工作渐有成效，影响力逐渐扩大。附近如吴县善人桥、浙江长兴县渡口镇、余杭县诸家桥等地方，均由政府或地方人士委托中华职业教育社代办乡村改进工作。

中华职业教育社将教育改革继续拓展到了更多地区，比如在镇江设立了"黄墟农村改进区"，在上海创办了"漕河泾农学团"。

黄墟农村改进试验区于 1929 年 8 月设立，目标是发展农业和普及农民教育。中华职业教育社为此先后设立了小学、民众夜校、家庭识字教学点、成年妇女职业补习班以及民众教育馆等组织。

漕河泾农学团设立于 1934 年，是一个培养农村改进人才的机构，农学团招收 22 岁以上、有 2 年社会工作经验、有高中及师范学历、有志于农村改进的工作者。农学团学制 2 年，开设的课程包括教育、农事、经济、村政、人事、卫生、历史、军事和文学等。

徐公桥试验区从 1926 年至 1927 年春为试办期，1928 年 4 月至 1934 年 6 月为试验期。1934 年 7 月 1 日起，徐公桥试验区正式交回地方自办。

黄炎培完整参与了徐公桥试验区的改进工作。从最初发药品、放贷款，到最后在教育、经济、建设、治安、卫生、乡村组织等方面都有所成就，他的"划区试验""先富后教""综合改进"的理念推动了徐公桥试验区的"农民自动改进"，实现了教育"深入民间"的初步探寻。

他在徐公桥试验区的移交典礼上感慨万千，认为总算做了一桩有意义的事，他在《为徐公桥试验乡村改进期满留赠地方接管诸公》一文中说道："今后徐公桥如何继续进行，如何发扬光大，仍须仰赖领导诸君人格感化。"

黄炎培随即提出"人格感化"至少包含三个条件：

（一）要人家做，我先做，不许人家做，我先不做。

（二）公私之间，必须分明，必须清白，如果先私后公，甚至假公济私，一定给人家看轻，从此说话说不响。

（三）领袖与领袖间，更须表示精诚团结，做一个好榜样出去。即使主张稍有不同，决不使精神发生芥蒂。若自己先不能团结，何能团结一乡？

所以炎培想提出下边八个字，奉赠诸君：

公正无私，和衷共济。

如果这八个字个个做到，吾敢担保今后徐公桥成绩必将十倍百倍于现时。

黄炎培领导的中华职业教育社的乡村改进试验，从1926年在徐公桥设立第一个试验区开始，到1937年，伴随着抗日烽火的燃起而停止。在这10年时间里，职教社的乡村改进试验带动江、浙、沪一带的农村创办起了试验区、农学团、新农具推行所、农村试验学校等各类机构，在一定程度上改善了当地的经济状况和人们的生活质量，更

中华职业教育社附设沪郊农村改进区赵家塘改进会开幕

为中国的乡村教育改革作出了开拓性的实践探索。

徐公桥乡村改进试验区是中国近现代农村改革和教育改革的开创性实践，对其后的乡村建设产生了深远影响，对现在的国家乡村振兴也有重要的启发。

百年巨匠

黄炎培
Huang Yanpei

第十三章 抗日救国的先声

黄炎培解除了"学阀"的政治危机后，蒋介石对他的态度逐渐有了转变，还试图寻找机会拉拢他。蒋介石的两个儿子蒋经国、蒋纬国都曾在黄炎培创办的浦东中学读过书。蒋介石就对黄炎培提议：听说你的儿子老大黄方刚、老二黄竞武从美留学回来，你送他们到我身边来，做我的侍从室的秘书，我来提携他们。但黄炎培并未答应，婉拒了蒋介石。

长子黄方刚回国后，先后在广西、东北、北京、四川、武汉各国立大学及华西大学做教授。二子黄竞武回国后担任上海盐务稽核所会计，一直活跃在金融界。两人与父亲黄炎培一样，无心权术地位，有志在不同领域完成共同的事业——救国救民。

1931年1月8日，黄炎培应蒋介石之邀去南京谈话，向蒋介石陈述整理教育的意见。蒋介石想让黄炎培搬到国民政府所在的南京来住，便于经常请教，黄炎培提出想去东北、朝鲜和日本考察教育，借此拒绝了蒋介石的搬家邀请。

3月19日，黄炎培和中华职业教育社的同事江恒源、潘仰尧等人乘坐"大连丸"日轮，从上海启程，开始了黄海环游考察。他们先后游历了青岛、大连、沈阳，在4月2日到达了朝鲜。

朝鲜自从1910年被日本侵占后，革命志士不断奋起反抗，日本政府为了缓和矛盾，在1919年宣布撤销一切不平等待遇，朝鲜由此获得了名义上的独立。但日本的这些行为纯属欺骗，他们积极实行了

"移民"和"通婚"政策，妄图以此同化朝鲜人民，但朝鲜全国1900万人中只有400余人和日本通婚。黄炎培敬佩这个民族的坚韧和革命志士的英勇，同时也深切感受到了朝鲜人民亡国的痛苦。

4天后，黄炎培到达了日本东京，这是他第5次来到日本，距离上一次已隔10多年。此时的东京在黄炎培眼里完全是另一番模样，日本经济日渐萧条，各处饮食店惨淡经营，街上十分冷清，即使是最热闹的银座，也没有多少人气。此外，黄炎培还觉察出了一件可怕的事。

他看到日本帝国主义在全国大办青年团，为战争做准备，日本官员的办公桌上都挂着满蒙的新地图。他甚至在乡村里听到了一次不寻常的讲演会，主题是"从满蒙资源上观察大豆"，还有"满蒙的重要与日本的外交"，日本乡间的军人十分活跃，空气中弥漫着一股浓浓的侵华备战氛围。

黄炎培去了东京、大阪、神户等12个地方，参观了展览馆、工厂、学校、农村等地方，在4月22日结束了考察活动，从神户搭船回国。

黄炎培在归途中的所见所闻印证了他的猜想，他还打探出了日本的侵华计划。日军将在本年对中国出兵，计划动用500只潜水艇，在台湾、朝鲜、日本之间进行封锁，以阻止美国舰队从东面来。用4个师团、4只内河兵舰封锁海州，进取徐州，截断津浦路，再攻取郑州，截断平汉路。获取中国丰富的资源，再以中国为基地，分兵主攻苏联，让中国成为他们的军事后援。黄炎培忧心如焚，特意搜买了3本暴露日本军阀计划侵华的书，带回了中国。

4月24日，黄炎培一行人抵达了上海，他针对这次为期一个月零五天的黄海环游，写出了《黄海环游记》，《黄海环游记》从5月13日起开始在上海《申报》连载，揭露了日本军国主义分子的侵华阴谋。

黄炎培在《黄海环游记》中通篇都在试图唤醒国人的警惕意识。他认为中国应当早做准备，在序言中告诫国人应当克服三种心理："第一，恐慌心理；第二，消极心理；第三，听天由命的心理。"

针对中国的现状，他提出了四点具体要求：首先，国人应把身体锻炼好，以备应战之需；第二，要坚决信仰科学，"一旦战争起来，除掉科学的权威，还有什么能宰制一切，未来的科学战争，比过去的还要厉害万倍"，只有科学才能强国，才能救国；第三，全国要团结起来，稳定内部；第四，大家要恪尽职守，做好本职工作，"今后中国所需要，乃在几千万个农、工、商、学、兵各就他的本位，不断努力干他的工作。一声有事，万众一心对外"。

5月29日，黄炎培去见蒋介石和外交部长王正廷，他将所知的日军侵略计划说了出来，同时把在日本买的3本书送给了蒋介石。蒋介石默不作声，不以为意，王正廷更是一番讥笑："如果黄任之知道日本要打我，日本还不打我哩！如果日本真要打我，黄任之不会知道的。"

黄炎培只能无奈地说："很好！我但幸我言不中。"

《黄海环游记》还在上海《申报》继续连载，直到6月13日，2.4万余字的《黄海环游记》连载完毕。然而国民政府并未对日本侵华的阴谋太过重视。

1931年9月18日，日本驻中国东北地区的关东军突袭沈阳，以武力侵占东北，发动了侵华战争，揭开了第二次世界大战东方战场的序幕。

9月20日，黄炎培和上海的爱国志士35人经过商议，组织起了抗日救国研究会。国土沦陷，让黄炎培痛心疾首，更令他激愤的是，蒋介石不仅对战事"无准备"，还实行"不抵抗"政策，数十万东北军竟然不战自退，置3000多万东北人民于不顾，有土不守，有敌不杀。

9月27日，黄炎培和中华职业教育社的江恒源代表抗日救国研究会连夜乘车来到南京，责问蒋介石和外交当局为什么不抗敌。

第二天，黄炎培等人来到外交部，见到了外交部部长王正廷，就在王正廷与黄炎培谈话之际，众人就见证了一段大快人心的场面。

此时，来自全国各地的学生抗日请愿团也在外交部进行请愿，双方交涉无果后，学生便愤然冲进了外交部，砸毁部里的器物，王正廷来不及躲避，被一群人殴打致伤。黄炎培甚至在日记上写着："应该！应该！"

九一八事变发生后，一些朋友建议黄炎培把《黄海环游记》集辑出版。上海生活书店在1931年11月23日首先出版了这本小册子，这本书问世之后，影响广泛，在1932年7月和12月、1933年6月，先后出版了第二、三、四版。

黄炎培在第二版的序中写道："哀我中华，难道我政府永远无准备，不抵抗；我老百姓永远安心让政府无准备，不抵抗吗！"第三版出版时，东三省抗日义勇军蜂起，黄炎培在序中添加了他的五首《义勇军行》诗，赞颂义勇军的义行。第四版出版时，正值《塘沽协定》刚签订不久，黄炎培从《塘沽协定》中选取了一些丧权辱国的条款放进序里，警示国人。

上海生活书店在《黄海环游记》的简介中说道："著者用极犀利生动的文笔，通俗而极有兴趣的体裁，记述一路观察所得，和日本人用心的阴险，处处处心积虑地谋我。读此书后可以知道日本的现在和未来，给我们如何去努力的一个参考。"

上海生活书店的创办人正是中华职业教育社《生活》周刊的主编邹韬奋。九一八事变之后，他毅然投身到了抗日救亡的运动中，在《生活》周刊上极力反对国民党的不抵抗政策，呼吁全国人民共同抗敌，坚定《生活》周刊的立场。《生活》周刊的影响力持续扩大，创下了15.5万份全国书刊发行量的纪录。1932年7月，邹韬奋在《生活》周刊社基础之上创立了"生活出版合作社"，对外则称"生活书店"，黄炎培亲自题写了书店的名字。生活书店与《生活》周刊的创办宗旨一脉相承——"促进文化、服务社会"。

1931年12月23日，与《生活》周刊相呼应的一个重要抗日宣传阵地出现了。黄炎培依托中华职业教育社创办了以"抗日救国"为宗旨、专门宣传抗日救亡的《救国通讯》杂志，《救国通讯》杂志致力于报道抗战消息，刊登有关救国运动的文字，不定期，不收费。黄炎培以这本杂志为武器，大力宣传抗战精神，反对消极抗战，激发全民的抗日决心，号召民众抗战到底。

1931年是黄炎培一生思想和行为急剧转变的一年，他曾自述："个人在'九一八'以前，整个时间及精神都用在教育的研究，教育的服务上。以后才抽出一部分时间来同热心的朋友们从事挽救民族危亡的工作，实际上担负起解除国难、复兴民族的重任。"

东北三省在四个多月的时间里全部沦陷，清朝末代皇帝溥仪在日军的撺掇下秘密潜逃到东北，在长春成立了"满洲国"，号称"独立国家"。"满洲国"实则是日本扶持的一个傀儡政权。国民政府和中共对这个政权坚决不予以承认，将其称作伪满洲国。

日本侵占东北三省后，很快将目标瞄准了黄炎培所在的上海，日军图谋侵占中国东部沿海富庶区域，把上海变成侵略中国内地的新基地。

1932年1月28日夜，日本侵略军对上海闸北区发动进攻，"一·二八"淞沪抗战爆发，十九路军誓死守卫国土，奋起反抗。上海各界为支援抗日、维持地方秩序，成立了"上海市民地方维持会"（后改名为"上海市地方协会"）。地方维持会的宗旨是慰劳军队，救护难民，调剂金融，维持商业，联络军民。

黄炎培曾在1914年受《申报》总编史量才的聘请，担任《申报》旅行记者，开始了全国教育考察。如今，上海市民地方维持会成立，好友史量才担任会长，黄炎培也积极参与。史量才在1月31日的成立会上慷慨陈词："现在日军已向淞沪侵略，十九路军已奋起抗战，我们要奋勇向前，抗战救国。世界上不战而亡国的人叫做亡国奴，但屡败屡战，而仍不免失地的人，叫做义人；义人之国叫做义国，义气长留天地，谁能亡它？谁能奴他？"

黄炎培为募集救国义款亲自起草了《上海市民地方维持会募集救国捐启》，他文辞真切地写道："我十九路军等诸军将士，忠勇奋发，舍命抵抗。旬日以来，浴血苦战屡奏捷音。苟无此奋斗孤军，将使敌长驱直入，此全国人民所为万众一心，欢呼而奋起者也。同人当事变初生，组织本会，从事于维持地方诸务。念前方将士之舍生杀敌，设慰劳组，聊献壶浆箪食之诚。念劫余民众之载道流离，设救济组，借供衣食医药之用。而尤念上海处全国经济之中心，交通之总纽，其胜其败，国人存亡系焉。彼军人即舍弃身家，死守一隅，以保全国，吾民众何可不闻风兴起，各竭绵力，以答孤忠。"

上海市民地方维持会成立后，立即电请国民政府增援十九路军，拥护十九路军抗战到底。同时，将大批军需品和慰劳品不断送到前线。

"一·二八"事变后，中华职业教育社创办的《生活》周刊改为日报，并向民众募集军需用品，支援前线。上海市民们也纷纷捐出食物、衣物、交通工具、汽油等物资。

黄炎培带着一家老小用了几个晚上的时间赶制丝绵背心，用以慰问十九路军将士，并把出生不久的孙子取名为"十九"，以表他对十九路军将士的敬意。中华职业教育社的工作人员和中华职业学校的师生们冒着枪林弹雨，不断将军火和物资运送到抗战前线。

地方维持会组织医疗队救护受伤的战士，还筹设了难民所，收容战区难民。随着战事的持续，难民日渐增多，很快就超过了5万人，地方维持会也随之建起了200多处临时收容所。

眼下正是寒冬时节，黄炎培大声呼吁"难民缺乏棉衣、被褥，人民多送一条，多救一命"，上海市民纷纷响应，地方维持会在3天内募集到了棉衣、被褥各1万多条。

国民政府秉持"一面抵抗，一面交涉"的外交政策，战场上除了浴血奋战的第十九军和后来增援的张治中的第五军，再无援军。在英、美、法等帝国主义国家的胁迫下，国民党政府开始和日本进行"和平谈判"。5月5日，国民政府与日军签订了屈辱的《淞沪停战协定》，淞沪抗战以失败告终。

第二天，《申报》以《上海停战协议与东北问题》为题发表时评，称目前政府对上海的处理结果完全为中国外交的失败，"此次停战会议之必无好果，早为国人所共料"。

《淞沪停战协定》签订后，黄炎培开始了地方维持会的善后工作，从5月20日起，地方维持会宣布停止接受捐款捐物。他协同史量才把地方维持会的30万元捐款拨给善后委员会，把余款赠送给了十九路军。

5月27日，黄炎培参加上海各界共同追悼"一·二八"淞沪抗日

黄炎培为纪念抗日将士，在炮弹底盘上题字

阵亡将士的活动，黄炎培回家后，怀着满腔悲愤写成两首七律诗：

（一）

怒角惊回歇浦潮，虫沙小劫一军骄。
早知轻敌攻坚失，定悔行师袭远劳。
壮志更成秦博浪，威名终属汉嫖姚。
男儿报国轻生死，歌哭壶浆付大招。

（二）

由来神勇仗精诚，到处天阴杀贼声。
贤圣百年皆有死，英雄千古半无名。
谁翻世界和平局，应博春秋义战评。
留取精忠好模范，嘉名十九锡初生。

黄炎培回想起去年从日本回国，向蒋介石汇报了日本的侵华计划，却未得到重视，如今战事已发，中国以失败告终，黄炎培心中感慨万千，在6月5日写下一首《吊吴淞》：

> 百里吴淞草不春，可堪黄海倦游身。
> 小东杼柚拼孤注，极北关山尽虏尘。
> 贾傅书成惟有泪，绕朝策在岂无人！
> 乱离那许从头说，但见沧江战骨新。

中华职业教育社一直设有学术讲座，在淞沪抗战过后，学术讲座开始以研究国难问题为中心。黄炎培受聘过来讲授"教育史"和"职业教育"两门课。经过这场战役，黄炎培对职业教育有了更多思考，对国家时局和教育之间的联系有了更为深刻的认知。

1933年6月，黄炎培在《社会经济严重问题之一斑》中再次强调了经济和教育的关系：

> 日本来侵犯我们中国，我们中国自己一点没有应付的方法，这根本也是经济问题。日本无非要想扩张它经济上的势力，所以要推广殖民到中国来，所以要东三省连带热河在内所谓满蒙四省，他们就为那里有良好的气候，在经济上有重要的关系。天产丰富，地方广大，要是能利用它，可以从社会经济上得到很大的富源。而且那些地方，自己的生产力量很薄，人民不能供给自己的需用，一切东西都要从外面来，所以这是一个很好的资源，也是一个很大的市场，因此日本拼命要将满蒙四省拿到手中。从这点上可以推想到全世界所闹大问题的中心就是经济。各种事业，凡能帮助解决经济问题就是顶要紧的。
>
> 诸位总知道，此屋是中华职业教育社一般同人合资来建筑的。为什么要讲职业教育，因为想用教育的方法来帮助解

决社会经济问题。

1934年，黄炎培在中华职业教育社两次发表宣言，把原来的职业教育目标"为社会服务之预备"重新解释为"为民族谋独立与繁荣"。

就在同一年，与黄炎培共同成立地方维持会的史量才出了意外，他因得罪了蒋介石，惹来了杀身之祸。

史量才在1929年购入《新闻报》大部分股权后，一跃成为上海报业界的大王，《申报》和《新闻报》是当时全国发行量最大的两家报纸，史量才成了上海乃至全国最大的报业企业家。

1931年，黄炎培与史量才受蒋介石邀请同去南京洽谈。临别时，史量才握住蒋介石的手慷慨地说："你手握几十万大军，我有申、新两报几十万读者，你我合作还有什么问题！"

黄炎培察觉到蒋介石立即变了脸色，预感到一些不妙。此后，蒋介石令陈果夫、陈立夫多方为难申报馆，《申报》报纸一度被迫停邮。1932年，《申报》在6、7月份发表的3篇有关《剿匪和造匪》的文章惹怒了当局，当局逼报馆裁撤了几个人的职务，其中就有黄炎培。

淞沪抗战爆发后，史量才担任上海市民地方维持会的会长，越发深得民心，影响力在上海新闻界、金融界、民间组织中日渐增大。不久之后，蒋介石向戴笠下达了暗杀史量才的密令。

1934年11月13日，史量才从杭州返回上海，途中遭遇国民党军统特务袭击，被刺身亡。黄炎培为好友的死深感悲痛和无奈，写成"碧山殉国诗成谶，白日陈尸帝不闻"。他以诗代哭，也在曲指史量才的"殉国"隐情。

在黄炎培的倡导下，中华职业教育社在1935年邀请各方专家集

黄炎培向学生介绍国际国内形势

会，拟定"复兴民族的行为标准"，对职业学校学生的道德教育有了新的要求。

黄炎培在会上满怀悲愤，慷慨陈词，号召职业教育工作者"用新精神来实施职业教育。所谓新精神，就是对己则刻苦奋斗，对群则精诚团结，对事则丝毫不苟，始终如一。还须从大处着眼，从实处着手，把这种精神渗透在职业教育中间，才不失为复兴中华民族切要的工作"。

黄炎培的儿子黄大能深有体会地说："学校经常聘请校外知名或进步人士作关于思想品德修养的演讲。'九一八''一·二八'后，我父亲和中华职业教育社江恒源、杨卫玉先生以及贾观仁校长还经常向我们全体学生作爱国主义的形势教育。因而毕业生在社会服务中，大都能认真负责，忠心耿耿地为国家出力。"

1936年初，黄炎培应好友、著名企业家卢作孚之邀去四川考察，他用了3个月的时间，走遍了四川省的24个县，回上海后写出了《蜀道》和《空江集》两本书。

他对四川这个山水秀美、人文独特的地方概括出了三个字，即"富""美""惨"。物资是"富"，风景是"美"，而人民的生活是"惨"。当时传闻宁南、会理一带的老百姓穷苦到难以活命。这个地方从1912年到1933年的22年时间里，打了479次仗，加上地方豪强的掠夺和剥削，致使富者愈富，贫者愈贫。黄炎培写下《改造新四川管见》一文，将其放进了《蜀道》里。

黄炎培还在这两本书里提到："一旦海疆有警，长江下流被敌人封锁，川省之影响，直是整个的国家生死关系。""进可以战，退可以守，此全国利害与川之利害，站在一条路线上者也。"黄炎培预见日本的侵华战事必会扩大，而四川将会成为关系国家生死存亡的重要基地。

此时的黄炎培尚且不知，他的未来几年将与笔下这座"与全国利害"在"一条路线"的地方紧密相连，一年后，黄炎培最担心的事情发生了，一场中华民族前所未有的浩劫汹涌袭来！

百年巨匠
Century Masters
黄炎培 Huang Yanpei

第十四章 国难来，我再生

1937年7月7日,日本侵略军炮轰北平郊区的卢沟桥,发动了全面侵华战争,战火很快蔓延到了上海。中国受1932年中日《淞沪停战协定》的限制,在上海市区及近郊不得驻扎正规部队,而日本在上海的驻军则多达六七千人。我国在上海的军事防御只有一个保安处和一些保安队。

　　8月9日,日本海军将领带领其部下驾车冲进上海虹桥机场进行挑衅,最后被驻军保安队击毙。日军便以此为借口逼迫中国政府撤走上海保安部队,同时开始向上海增兵。

　　为了把日军由北向南的入侵引导为由东向西,以便长期作战,国民政府在上海决定采取主动反击,开辟出淞沪战场,以解华北之围。1937年8月13日,日军向上海发起进攻,中国军队立即反击,淞沪会战爆发。

　　七七事变后,各个行业的500多个单位组成了上海市各界抗敌后援会,黄炎培成为主席团主席。7月23日,第一次执行委员会会议召开,标志着上海市各界抗敌后援会正式开始工作。淞沪会战爆发后,抗敌后援会的工作由援助华北前线迅速转向了上海本地。

　　抗敌后援会增设了大量的专门委员会,负责筹募、救护、救济、慰劳、技术、交通、设计、组织、宣传等工作,抗敌后援会的影响力亦如5年前"一·二八"事变中的上海市民地方维持会。

　　黄炎培事无巨细地主持着抗敌后援会的事务,他每天中午坐在国际饭店西餐厅，与主席团成员及其他骨干商讨事宜。他发动了上海工商界的所有力量，号召大家一起投入到抗日救亡的行动中。他和中华职业教育社同人夜以继日地组织民众募集物资，支援前线。与此同时，黄炎培还委托工商、金融界有号召力的人物负责募集钱款，从8月13日至26日，他们在不到半个月的时间里就募集了捐款100万元。

需要救济的难民数量是前所未有的，3个月的时间里，上海的难民人数就超过了10万人。寒冬将至，黄炎培于10月份和江恒源一起去山东济南，募集到了棉服1万多件。结果，就在两人护送物资回上海的途中，承载物资的火车在柳泉被敌机轰炸，黄炎培和江恒源冒着生命危险，换另外的机头把抗战物资运到了上海，同时组织了上海的所有的卡车，把物资运往了抗战前线。

就在七七事变爆发不久之后，国民政府资源委员会决定把上海工业尽量迁往内地，当时上海很多工商界人士认为战事可能像"一·二八"战役，很快就会结束，都对迁厂之事不感兴趣。上海尚且太平，大多地域属于租界，他们认为日军多半不敢冒犯。黄炎培等人早已看出日寇的野心不同于上次，于是四处奔走游说，力劝与中华职业教育社素有联系的工商界人士早下决心，迅速迁移工厂，保住有生力量，使之不被敌人掠夺。8月11日，上海工厂迁移监督委员会成立，这时同意内迁的工厂已增至100多家，中华职业学校的实习工场也在其中。

"八一三"战役打响后，中华职业学校就在战区内，学校在日军的狂轰滥炸中被烧毁，全校师生冒着枪林弹雨，把机械设备和图书仪器从战火中抢出，快速装运转移，这些仪器设备随后经江西溯武汉，迁往了大后方。

在这期间，国民党政府组织了国防参议会，黄炎培被聘为国防参议员。他在3个多月里奔走于京沪之间达9次之多，以非政界人士的身份开展着诸多政治工作。

日军事先放出了3个月灭亡中国的狂言，而中国军人在淞沪会战中誓死守土、浴血奋战，已经让日军止步于上海3个月之久。

11月，南北两路日军形成了在淀山湖以东围歼国军主力的战略形势，战局急转直下，国民党军队难以长久支撑，从淞沪全线西撤已刻不容缓。

11月12日，国民党军队分两路向杭州和南京方向撤退，淞沪会战虽然宣告失败，却在战略上赢得了胜利。中国军民以巨大的牺牲彻底粉碎了日军3个月灭亡中国的妄想，打破了日本想要速战速决的侵华战略。

这场战役举全国之力，参战80万军人，死伤30万，即便是作战经验丰富的桂军，都在此战中付出了"一天打光一个师"的伤亡代价。这3个月的鏖战，堪言"一寸山河一寸血"，成为抗日战争的第一场大型会战，也是中日战争中规模最大、最惨烈的一场战役。

黄炎培在上海陷落前5天即11月6日，携家带口踏上了背井离乡的旅程。黄炎培的妻子王纠思因患脑出血，只能留在上海养病。黄炎培没有预料到，他与妻子这一别竟成了永别。

南京陷落后，武汉成为陪都，黄炎培从南京乘船去了武汉，中华职业教育社早在1936年8月便未雨绸缪地在武汉成立了办事处。

黄炎培、江恒源、冷遹等中华职业教育社领导来到武汉后，继续在当地开展难民教育。黄炎培不辞劳累，连续两天两夜召集中华职业教育社人员研商救济方案，会后确定了难民工作方针：大量收容，迅速疏散，保存元气，支持抗战。

12月的一个上午，八路军驻长沙代表徐特立主动来看望黄炎培，他谦虚诚恳地说自己是"前江苏教育总会讲习所学生",对黄炎培表达了中国共产党坚持国共合作、共御外侮的原则立场。黄炎培一直坚持国共之间要团结起来,一致对外,他同样表示:"立国要有力量,能自立,但同时要有朋友,不可孤立。"

黄炎培曾在各种场合做一些居中调停的工作,以致被人看作"和事佬",他并不计较,总说:"只要能团结抗战,别人说我什么,我都拜受。"

1938年4月,国民党临时全国代表大会通过《抗战建国纲领》,决定以"团结全国力量,集中全国之思想与识见,以利国策之决定与推行",组织国民参政会,规定原国防参议会参议员直接过渡为国民参政会参政员。黄炎培由此被改聘为国民参政会的参政员。

黄炎培做参政员的唯一目的是"以无属之身",促成"政府与民众""中央与地方""党派与党派"的三大合作。黄炎培认为保持全民族的团结一致,尤其是党派之间的团结,才能实现抗战的胜利。

5月19日,搬迁至汉口的生活书店举行了茶话会,黄炎培应邀过去讲演,他在茶话会上第一次见到了周恩来,也陆续认识了董必武、秦邦宪、吴玉章、林伯渠、邓颖超等共产党人。从5月21日到6月29日,黄炎培仅与周恩来等共产党人聚餐就有5次,他们一起出席了各种会议,近乎是朝夕相见,逐渐成为彼此信赖和相互欣赏的至交好友。

1938年7月,国民政府从武汉转移至重庆,黄炎培便举家搬来了新的陪都,从此开始了长达8年的在渝生活。

当年黄炎培流亡大连时,已年至50岁,而在他入川的这一年,他已年至60岁。时值国家遭受日寇侵略,国破家亡,百业凋敝,黄炎培的教育救国理想似乎成了一场梦。他提笔写下一首《重做人》,这首诗成为他为国为民、继续奋斗的誓言,他希望从 60 岁开始他生命历程的新篇章。

> 六十年,过去了。
> 区区贡献付一笑,一切何足道!
> 国难来,我再生,
> 谁死谁生,愿跟顽敌拼。
> 与人一心,要入群众群,
> 打开门户,争取民主与和平。
> 烧得我心太阳一般热,
> 照得我心明月一样明。
> "身非我有",记得此言否?
> 早把我身献给人民,献给国家有。

随着抗战的爆发,和平的教育环境已被打破,职业教育的格局发生了重大变化,黄炎培提出教育要融于抗战之中,在抗战中发展职业教育,让教育事业和抗战紧密结合在一起。他亦从原来的教育救国之路,迅速转向了教育和救国并进的新道路。

百年巨匠
Century Masters
黄炎培 Huang Yanpei

第十五章 战火中重生的职业教育

第十五章 战火中重生的职业教育

上海沦陷后,专门宣传抗日救亡的《国讯》杂志一度停刊,迁移到了重庆。1938年8月13日,为"八一三"抗战一周年纪念日,《国讯》杂志在这一天正式复刊。

黄炎培、江恒源、叶圣陶、杨卫玉、孙起孟等人组成编辑委员会,继续宣传抗战。杂志复刊时,黄炎培说:"《国讯》为国难而生,为国难而死,又为国难而复生。"

《国讯》杂志在前身《救国通讯》杂志的基础上,继续致力于报道国难,宣传救国思想,唤起民众团结抗敌的意识。黄炎培在重庆纪念淞沪会战的聚餐会上做了题为《无忘今日"八一三"》的演讲,演讲内容刊登在了《国讯》第一百八十期上,他也将继续以《救国》杂志为宣传阵地,以文字为武器,让爱国救国的信念和思想扩散到全国各处。

中华职业教育社在抗日战争期间,除上海办事处外,还设立了武汉、湖南、桂林、柳州、重庆、成都、昆明、贵阳、西康9个办事处,还有南宁、梧州2个通讯处。中华职业教育社在烽火连天的岁月里,先后成立了12个分支机构,以顽强的生命力将上海一处的职教事业扩展到了湘、鄂、川、贵、滇、康6个省,在国难的战火中遍地重生。

上海沦陷后,中华职业学校和中华职业教育社经过反复磋商,最终决定让中华职业学校在上海坚持复课,同时到后方去建立新的办学基地。1938年,中华职业教育社迁到了重庆,决定在重庆设立中华职

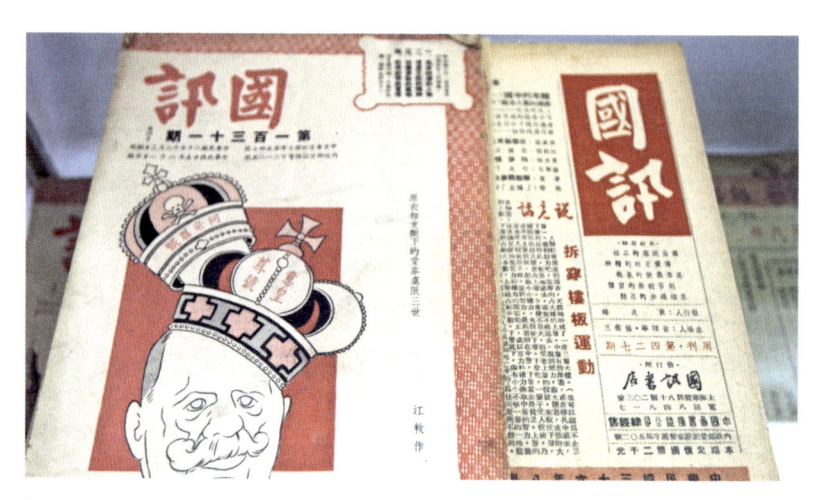

《国讯》杂志

业学校渝校，留在上海的中华职校则称为中华职业学校沪校。

1月初，黄炎培、江恒源等中华职业教育社领导到达重庆，开始筹建重庆中华职业学校。重庆张家花园巴蜀学校的周勖成校长为他们提供了很大帮助，周校长同意拨出学校一部分校舍供职业学校教学使用。

到了2月，巴蜀学校里就设立起了中华职业学校渝校办事处。随后，渝校办事处在重庆学田湾车栅租借了一间80平方米的空房，把从上海抢运出来的重要机件安置在里面，作为学校以后的实习工场。

中华职业学校租借了巴蜀学校洋房的三楼作为教室，并自行建造了师生宿舍，还建造了饭堂、厨房等场所。解决了校舍的问题，黄炎培等人还要解决创立和运营学校的资金问题。

8月，黄炎培、江恒源、贾观仁再次前往成都，向四川省政府申请辅助费。他们向政府阐明兴办职教事业的意义和培养人才的重要性，经过几番争取，四川省政府批准了费用申请，自1938年起，每月辅助中华职校渝校经费1000元。

学校筹资不易，但考虑到当时在渝校就读的学生，绝大多数都是穷人家的子女，渝校所收取的学费就远远低于当时的南开中学、求精中学等学校。

1938年10月11日，中华职校渝校正式开学，设初级商科、高级商科、机械科、土木科，另有教育部批办的机械职工训练班，共招收学生185人，其中85%是川籍学生，贾观仁担任校长。

学校师生借助巴蜀学校提供的教学场所得以安心学习，但这段安宁的学习时光非常短暂，没过多久，一场重大灾难猛然袭来。

1939年春，空袭警报响彻山城，日军开始对重庆狂轰滥炸。中华职校渝校的师生和职工带上重要文件和学习用品，躲进了山脚下的简易防空壕。警报一解除，师生们又立即回到教室上课。

日军先是派遣一二十架飞机进行了第一轮轰炸，随后变本加厉，开始轮番扫射，一批接一批地轰炸重庆。

在城内上课极其危险，渝校领导经过中华职业教育社同意，准备将全校师生转移到下乡。随后，渝校领导们开始加紧寻找新的教学场所，这项工作得到了学生家长胡子移的支持，他同意把自己在江北县黄桷坪的山间别墅借给中华职校使用。

校方马上派遣一些老师前往山间别墅进行打扫和部署，老师们行动迅速，几天就把新校舍布置好了。

5月3日和4日，日军飞机进行了"地毯式"的大轰炸，整个山城沦为一片火海，重庆所有的学校被迫停课。

渝校领导未雨绸缪，已为学生们准备好了新校舍。5月6日，部分师生在敌机的扫射下，坐船到了寸滩，随后背着行李上山，来到了山间别墅。第二天，学生们正式复课。

校舍条件很差，没有食堂，没有桌椅，甚至没有床，只有几间教室。学生们席地而坐，以地为床，在如此艰苦的环境中，学生们凭借顽强的毅力继续学业，在贫瘠的物质条件中汲取丰富的知识。

6月，学田湾工场遭到轰炸，房屋全部震塌，大部分机件都被炸毁。学校抓紧派人下乡勘察，最终决定在江北县寸滩白沙沱明心堂租地3亩，建校建厂。

由此，中华职校渝校分为两处开课，商科、土木科、会计训练班在黄桷坪，机械科、机械训练班在白沙沱，两地相隔20余里山路，分居两处的师生们各自开始学习专业课程。到了1943年初，黄桷坪的班级迁到白沙沱，两地的教学才重新合并到一起。

学校里的穷苦学生很多，全校师生发挥艰苦朴素、同甘共苦的精神克服了所有困难。他们吃的是平价米，学生称之为"八宝饭"，八宝饭里包含了谷子、稗子、石子、雀屎甚至老鼠屎。一段时间后，学生们已经习惯在每次吃早餐时，从容地选出饭里的谷、稗和杂物。早餐结束后，满桌都是这些杂物。

后来，大家群策群力改善伙食，几位女老师提出了早晨轮流磨豆煮浆的办法，让师生们吃好早餐，也开始想办法把食米尽可能淘洗干净。师生们的吃饭难题逐渐改善，有时学生还能吃到面粉，每周还能开一次荤，伙食逐渐变好。

校友金玉良在《重庆中华职业学校琐记》中回忆当时苦中作乐的场景："在生活方面，无疑是很艰苦的，诸如住的主要是草房，吃的是杂牌虫蛀的平价米，用的是桐油灯。在交通上，虽然白沙沱和黄桷坪两处都离市区较远，进城要花半天时间，但学生星期天留校的也多，并没有什么问题。倒是黄桷坪高路山岗、旁邻驴鸟小道，时闻清脆铃声；白沙沱地濒长江，滚滚波涛，催人奋进，两处都是读书的好地方。"

到了晚上，山区没有电灯，只能用光线微弱的油灯照明。全体同学在教室中温课，教师们关心学生的视力，频频提醒他们要注意做到每隔一段时间就暂停看书片刻。

学校会定期举行师生同乐会，还会组织丰富多彩的娱乐活动，比如歌舞、相声、话剧等。同学们热衷于表演抗战节目，他们把对日寇的痛恨在节目中宣泄出来，也把对抗日战士的敬爱之情毫无保留地表达出来。学校还组织了各种竞赛活动，比如数学竞赛、查字典竞赛、珠算竞赛、演说竞赛，等等，也有猜灯谜的活动，师生们曾出过一个经典谜语"妹代兄娶"，打一人名，谜底则是校长贾观仁。

中华职业学校渝校还举办过属于职业补习教育性质的一年制的会计班，《红岩》小说里家喻户晓的江姐原型、著名的革命烈士江竹筠同志就是这个会计班1941年的毕业生。江竹筠于1939年加入中国共产党，到了1940年秋，她为了寻求一份不显眼的职业以掩护自己从事地下工作，考入了中华职业学校会计训练班，担任学校和附近地下党组织的负责人，推动着渝校革命活动的开展。

60多岁的黄炎培，经常乘木船，跋山涉水到远郊的白沙沱和黄桷坪分校，为学生们讲授抗日救亡故事，宣传爱国敬业思想。

黄炎培有一次为学生们讲到了"松潘之行"，当时他去四川松潘作社会调查，非常深刻地感受到了四川的风土人情。当地人在生活条件十分艰苦的情况下，却极为勤劳和勇敢，他们将苞谷磨碎，粗颗粒的就蒸成"包谷饭"，细的就拌成糊吃。当

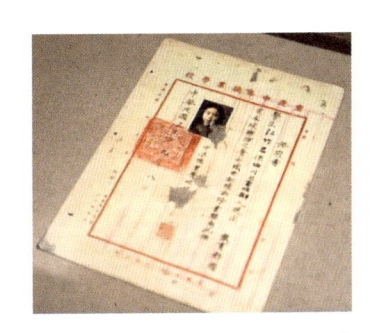

江竹筠的学习证明书

中华职业教育社创办的补习学校学生正在上课

地还十分缺盐，贫困人家会把锅巴盐吊在房屋中间，要吃的时候就取下来放在锅里搅几下，非常节俭。他希望学生们能像松潘的人民一样，勤劳且坚韧。

黄炎培曾亲自为学生题写：思想要深切，治事要精严，用物要节约，律己要整饬，但待人要宽厚。他常说的"理必求真、事必求是、言必守信、行必踏实"成为无数人奉行一生的格言。

中华职业教育社先后创办过 7 所职业补习学校。从 1932 年起，发展职业补习教育就成为中华职业教育社的一个工作重点。同年 5 月，中华职业教育社决定大规模举办职业补习教育，制订了职业补习教育的规划，掀起了国内职业补习教育的一个高潮。

1933 年 3 月，中华职业教育社将原来的晨校、夜校、通问学塾和业余图书馆合并为"第一中华职业补习学校"。随后，中华职业教育社为工商业单位的员工进行职业培训，又创立了"第二中华职业补习学校"。

1933年下半年，中华职业教育社创办"第三中华职业补习学校"，以夜班形式授课，分设机械电机、土木建筑制图、无线电和英语等专业。1937年创办的"第四中华职业补习学校"规模最大时设立了20多个专业，130多个班级，成为中华职业教育社最大的补习学校。抗战全面爆发后，中华职业教育社在1938年成立了"第五中华职业补习学校"，在1939年成立了"第六中华职业补习学校"和"第七中华职业补习学校"。

抗日战争期间，上海沦陷，第一、二、四职业补习学校勉力维持，其余4所补习学校相继停办。同时，中华职业教育社又在重庆、昆明、桂林和贵阳等地相继创办了职业补习学校，继续开展职业补习教育活动。

随着战事愈演愈烈，沦陷区的难民越来越多，他们一波接一波地逃向了大后方。重庆接受了大量难民，以致当地的求职队伍拥挤不堪，劳动力严重过载。但十分荒谬的是，许多用人单位也在不断张贴招聘通知。虽然外面有蜂拥而来的求职者，但他们绝大多数都是没有一技之长的普通人，根本无法胜任用人单位的专业岗位。

中华职业教育社随即开展了针对难民的职业训练，帮他们解决生计问题，也帮用人单位解决人才的需求问题。黄炎培等人专门拟订了文书、会计等方面的专业训练计划，开始对难民进行短期职业训练。因人力物力的限制，还有形势的变化，训练班只办了两期，但也帮助几十个学员找到了工作。

1939年，中华职业教育社在重庆附近的永川县筹建了"永川赈济造纸厂"，生产新闻纸。黄炎培、冷遹、黄伯度为理事，江恒源任经理。这个厂在当年7月正式出纸，发展十分顺利，主要招收难民为员工，成了难民生产自救的一个典型。

中华工商专科学校

这年春天，中华职业教育社在昆明举行了工作讨论会，黄炎培在会后发表的《今天的中华职业教育社》一文中说道："职业教育的目的何在呢？本社工作的目标又何在呢？往远处说，是在实现一个民生幸福的社会。在那社会里，确切达到了'无业者有业，有业者乐业'的目的。要使社会上没有无业者，也没有不乐业者，职业教育，本社工作的任务，才算真正完成。就近处说，本社的使命，是在以最高的积极性，参与抗战建国的努力。吾们确信，职业教育，只有在民族解放、民权平等、民生幸福的社会里，才能实现他的造福人群的理想。反过来讲，又赖有职业教育的努力，吾们民族解放、民权平等、民生幸福的国家社会，才能加速的出现。"

抗战期间，黄炎培和中华职业教育社的同人们在大后方推动着中国职业教育事业的发展和壮大，除了中华职业学校以外，中华职业教育社还创办了中华函授学校、四川灌县的都江实用职业学校、昆明中华职业补习学校、中华业余中学、中华小学。据国民政府教育部统计，1943年，后方共有职业学校384所，学生67227人。

就在1943年9月，中华职业教育社在重庆创办了职业教育的高等学校——中华工商专科学校。黄炎培担任工商专科学校的副董事长。学校奉行中华职业教育社一直倡导的"双手万能，手脑并用"的教育理念，设立的宗旨是为抗战胜利后的国家建设事业预先培养高级人才，并在大专教育与职业教育相结合的问题上进行初步探索。中华工商专科学校是职业教育向大专教育的延伸探索，为后来新中国的职业教育建设打下了一定基础。

黄炎培在职业教育事业上取得了丰硕成果，为社会和国家培养了大量储备人才。而在教育和救国并进的路上，黄炎培的救国之行却并不顺利，他逐渐明白，国人想要的国共合作只是奢望，但他仍在不断探索新的可能和新的方向。

第十六章 "卖烧饼"的和事佬

1934年1月,《救国通讯》杂志改名为《国讯》,黄炎培写下《我们救国该什么样修养》一文发布在该刊第61号"大众论坛"栏,文章阐述了《救国通讯》刊头所提的四个口号:"高尚纯洁的人格""博爱互助的精神""侠义勇敢的气概""刻苦耐劳的习惯"。

1938年8月13日,《国讯》杂志复刊,把"高尚纯洁的人格"改为"高尚纯洁的品德",把"博爱互助的精神"改为"忠勇义侠的精神",把第三条取消,按照孙起孟的意见,增加了"正确进步的思想"一条。

黄炎培特别指示《国讯》杂志取材不分党派,只要有利于抗战的言论都表示欢迎。1938年12月,黄炎培请周恩来为《国讯》撰稿。周恩来欣然应允,并连续几天工作至凌晨3点,完成了《今年抗战的新形势与新任务》一文。文章1万多字,分别刊登在1939年1月和2月发行的《国讯》杂志上。

当时国民党诬蔑共产党领导下的抗日根据地是"封建割据""游而不击",《国讯》公开发表了穆欣等人的文章,对共产党领导的抗日根据地的财政政策、民众运动、人民生活、文化教育等各方面的情况进行了详细介绍,支持共产党的工作,也坚决维护国共团结。

1939年1月,国民党召开五届五中全会,通过了一个"限制异党活动办法",开始实行"溶共,防共,限共,反共"的政策。就在9月的国民参政会第四次大会上,中共和各党派一齐提出了7个"请政

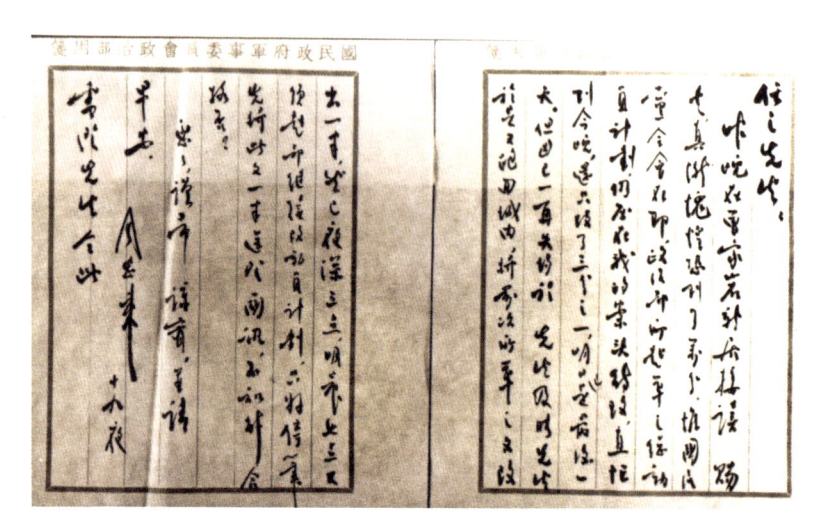

周恩来同意为《国讯》撰文后给黄炎培写的回信

府结束党治，实行宪政"的提案。此事引发了国共两派人士的激烈争辩，黄炎培是内政提案审查组的主席，对提案的通过与否有很大的发言权。

邹韬奋详细记录下了当时两方对峙的激烈场面："讨论从晚上七点开始，你起我立，火併似的舌战，没有一分一秒钟停止，有人大呼'一党专政不取消，一切都是空谈'。当时空气已紧张到一百二十分。唇枪舌剑，各显身手，好像刀光闪烁，电掣雷鸣。一直开到半夜三点多。那热烈的情况，虽不敢说是绝后，恐怕总可算空前的。"

黄炎培全力调和双方，最后通过了所谓"治本"和"治标"的两个办法。然而国共之间的矛盾日益加深，摩擦越发频繁，黄炎培只能寻找新的解决办法——"余以为吾辈调解国共，必须有第三者明确的立场和主张"。

1939年11月23日，黄炎培与沈钧儒、章伯钧等人以"反对内战调解国共关系为职志"，召集了30多位国民参政员，发起成立了"统

周恩来在《国讯》杂志上发表的《今年抗战的新形势与新任务》

一建国同志会",这便是中国民主政团同盟的前身。

"统一建国同志会"成立半月后,国民党掀起了一次反共高潮。"统一建国同志会"提出组织特种委员会来调解国共关系,最终推举出 11 位特种委员会成员,有国民党 2 人,共产党 2 人,还有各小党派和无党派人士 7 人,其中就有黄炎培。

黄炎培感慨道:"国共磨擦,几如阴阳两极,根本调和不可能。但因有时间与区域关系,当可稍稍为力。"

1940 年 6 月,黄炎培看到了国民党第七军一七一师一个团长的遗书,深受震撼。这位团长叫朱文富,他的部队驻守在鄂东黄安、礼山之间。他接到了国民党的双重命令,让他一面抗战,一面进攻新四军。他不肯对友军下手,于是写下遗书,选择了自杀,他的随从班长也跟着自杀了。遗书极其沉痛地劝政府和中国人民切勿自相残杀,自取灭亡。

6月14日,黄炎培与周恩来进行了一次长谈,两人从国际形势谈到了抗战前途。黄炎培很受启发,但他还是劝说中共为了抗战大业,只能尽可能对国民党容忍退让。他向中共提出了两点建议:"一、在与国民党利害不冲突,人民的同情不减损下求成长;二、以所有实力尽量容纳友党,以所有实力为国家民族表现切实伟大的贡献。"

在抗战期间,中华职业教育社还举办了"职业青年星期讲座",邀请沈钧儒、郭沫若、老舍等社会知名人士演讲,向社会各界尤其是青年群众宣传职业教育和抗日救国思想。

黄炎培特意向周恩来发出了邀请,周恩来欣然接受邀约。为了这次讲演,中华职业教育社特意租下了可以容纳1000多人的剧场,并在重庆各个主要街道贴出了宣传"海报",公布了周恩来将在9月29日进行演讲的消息。

谁知到了讲演当天,周恩来还未上台,礼堂已被听众挤得水泄不

"职业青年星期讲座"安排表

通，还有很多人在剧场外等待入场。黄炎培见此情景当即决定转移会场，为了接纳更多的听众，黄炎培等人决定把讲座改在附近的巴蜀学校的大操场上举行。这个决定一经宣布，从剧场到巴蜀学校的路上很快出现了一条长长的人流。

巴蜀学校的操场上，几个方凳搭成了一个临时讲台，中华职业教育社的一些青年员工手拉手围成一圈护住讲台，听众基本到齐后，演讲便正式开始。

黄炎培首先站到凳子上高声致词，接着，他就把"讲台"交给了周恩来。周恩来先伸手把黄炎培扶下来，随后敏捷地跳上"讲台"，开始了题为《国际形势与中国抗战》的演讲。他剖析了国际形势和国内前途，讲了八路军、新四军的伟大贡献，讲了国民党顽固派消极抗战、积极反共的真相，最后讲了坚持抗战，反对投降，坚持团结，反对分裂的重大意义。整个演讲持续了3个多小时，雷鸣般的掌声一浪接着一浪。

周恩来演讲结束后，备受感染的青年们纷纷拥上来请他题词留念。他便不辞辛劳地连续签了二三十本，直到中华职业教育社的人挤进去劝阻，他才停止。他在给职业指导所练习生王席君的题词中，写着：笔战是枪战的前驱，也是枪战的后盾。

1941年1月，国民党掀起了第二次反共高潮，制造了震惊中外的"皖南事变"，8万多国民党军有预谋地伏击新四军，新四军9000人经过7天的血战，只有2000人突围出来。蒋介石反诬新四军"叛变"，宣布取消新四军番号。

皖南事变发生后，黄炎培的好友邹韬奋被国民党反动当局迫害，他在各地发展起来的生活书店50多个分店，先后被查封，一些店员被抓被杀。邹韬奋忍无可忍，他在1941年2月25日辞去了国民参政员的职务，准备出走香港。

24日晚上，邹韬奋来到张家花园"菁园"和黄炎培告别。黄炎培劝他勿辞勿行，邹韬奋说："我虽辞虽行，但仍坚持抗战到底。"

邹韬奋把生活书店托付给了黄炎培照料，两人在深夜中长谈，在长谈中大哭。直到午夜一时，两人在夜雾中诀别。

邹韬奋离开后，生活书店按照周恩来的指示，组织起了第二、三线的书店，黄炎培和徐伯昕经过一番商议，决定把生活书店部分人员和资财转到中华职业教育社，成立生活书店的第二线书店"国讯书店"。

就在邹韬奋离开的这一个月，"国讯书店"诞生了，这个书店一直在国统区战斗了8年。

中国的政治舞台上有一股力量，叫作"职教派"，黄炎培是公认的"职教派"领袖。就在国民党掀起第二次反共高潮期间，由第三党、国社党、青年党这三党和救国会派、职教派、乡建派三派一起以"统一建国同志会"为基础，组织成立了"中国民主政团同盟"。

1941年3月19日，"中国民主政团同盟"正式成立，黄炎培在成立大会上被推选为常委会主席。

蒋介石对这个组织的成立大为震怒，他厉声说道："我们不能允许这样一个以国民党共产党两党以外自命为仲裁的政团成立。"

3天后，蒋介石叫来了黄炎培等人，对他们一番责难，随后下令封锁了民盟在国统区的声音。民盟组织在国统区受到了强力打压，却在另一个地方发出了振隆之声。

民盟的梁漱溟跑去香港创办了机关报《光明报》，黄炎培请来好友俞颂华担任《光明报》的总编辑。9月18日，《光明报》在香港创刊，这份报刊上公布了民盟成立大会的宣言和政治纲领。

由于民盟成员的组成较为复杂，政治主张也较为激进，当时黄炎培还担任国民政府战时公债劝募委员会秘书长，时常奔走各地，为抗战募捐，出于抗战大局和保护中华职业教育社的考虑，黄炎培在半年之后辞去了民盟主席的职务。

1941年11月16日，重庆临江路的一家俄国餐厅举行了茶会，中国民主政团同盟为了破除国民党的谣言，争取合法公开的地位，决定通过这次茶会招待各界上层人士，并正式公开"中国民主政团同盟"。50多位上层人士受邀出席，他们多是国民党的参政员。黄炎培在会上说了一个让人摸不着头脑的故事："我早年在上海，看到马路上有两个拎着篮子卖烧饼的小贩，一边走，一边叫喊。前头一个喊'卖烧饼呀！'后面一个跟着喊'我也是'。这样前呼后应地叫卖烧饼。"

对于这个"卖烧饼"的故事，黄炎培自己解释是"既表支持，亦有区别"。既表示自己与民盟有关，又不会说明自己是民盟成员。

1943年6月18日，胡宗南在洛川召开"反共"军事会议，部署60万军队，准备分兵九路攻击共产党的根据地延安。而中国共产党及时揭露了蒋介石的阴谋，并动员解放区军民发起了广泛的抗议运动。

中国民主政团同盟主席张澜致书蒋介石，提醒他："正应共同抗战，共同建国，以力求政治民主化，经济民主化，而达到将来世界之大同，尚何凭借武力以为内争之有？"

苏联报刊尖锐指责国民党的反共行为，美国的报刊也批判国民党故意挑起内战。面对国内国外的舆论压力，国民党停止了第三次反共行动。

抗日战争自1937年以来，经历了战略防御、战略相持、战略反攻三个阶段。1945年，日本在多年的侵华战争中损耗巨大，国内经济危机日益严重，日军在太平洋战争中遭遇了溃败，美国投向广岛和长崎的两颗原子弹对日本造成了毁灭性的打击。随着世界反法西斯同盟日渐壮大，日军大势已去，败局已定，中国的抗日战争进入了最后阶段。

全国人民的目光再次聚焦到了国共两党上，黄炎培时刻关注着国共两党的关系会走向何方，中国能否实现和平建国。

1945年的新年之际，国共谈判已有所起色，黄炎培在2月8日的日记中写着："国共问题，雪艇、恩来二人迭次谈判，实有眉目，而不愿宣布。余为联：'不求甚解，乐观厥成。'"

4月下旬，国共关系变得不太乐观。在中国共产党的第七次全国代表大会上，毛泽东作了题为《论联合政府》的政治报告，让蒋介石极为不满。蒋介石认为组织联合政府相当于推翻政府。国民党在"六大"会议上作了单独召开国民大会的决定，国共谈判陷入僵局。毛泽东的《论联合政府》让黄炎培很受触动，这位和事佬仍在想办法做些工作，想要推动国共谈判！

第十七章 延安归来

黄炎培开始不遗余力地寻找恢复国共商谈的办法，他与国民参政员褚辅成商量对策，两人邀来更多国民参政员加入"和事佬"的阵营，最后他们决定由王世杰和邵力子向蒋介石转达大家的意见。

1945年6月1日，蒋介石邀请黄炎培、褚辅成、王云五、傅斯年等人到他的官邸赴宴。黄炎培和褚辅成在宴会上慷慨陈词，希望国共谈判可以继续，同时提议以他们几个参政员的个人名义给中共中央发电报，表达国共和平的愿望。蒋介石没有表态，但也没有反对。

第二天，黄炎培、傅斯年等人到嘉庐一号褚辅成住处，共同商定好了发往延安的电稿。

> **延安毛泽东、周恩来先生惠鉴：**
>
> 团结问题之政治解决，久为国人所渴望。自商谈停顿，参政会同仁深为焦虑。目前经辅成等一度集商，一致希望继续商谈。先请王若飞先生电闻，计达左右。兹鉴于国际国内一般情势，惟有从速恢复商谈，促成团结，不惟抗战得早获胜，建国新猷亦基于此。敬掬公意，伫候明教。褚辅成、黄炎培、冷遹、王云五、傅斯年、左舜生、章伯钧。

中共中央坚决反对国民党分裂人民、准备内战的"国民大会"，在6月18日电复了黄炎培等7位参政员：

……倘因人民渴望团结，诸公热心呼吁，促使当局醒悟，放弃一党专政，召开党派会议，商组联合政府，并立即实行最迫切的民主改革，则敝党无不乐于商谈。诸公专临延安赐教，不胜欢迎之至，何日启程，乞先电示。扫榻以待，不尽欲言。

黄炎培一直都有访问延安的心愿，他在1936年11月从上海飞往西安，中途转百灵庙时，就想去陕北访问，可惜未能成行。1940年5月，好友陈嘉庚到重庆与黄炎培长谈，陈嘉庚就提出为了国共双方可以团结抗日，他打算访问延安，黄炎培当时也有同样的愿望，然而他的这个心愿依旧没能实现。如今中共对他们发出了邀约，黄炎培感到格外欣喜。

黄炎培等人对此次出行的身份作了明确的界定，他们虽然都是参政员，却并没有受参政会公推，最终决定以个人的名义前往延安。他们是自由的，自动的，不受任何方面的委托，不受任何约束，他们也不是和事佬，而是有主张的国民。

7月1日，重庆天朗气清，有些许雾气，黄炎培、冷遹等6位国民参政员来到九龙坡机场，他们登上了一架不大的军用飞机，飞向了延安。

下午一点，黄炎培等6人飞抵延安。他们一落地，欢迎的队伍便热情地涌了过来。毛泽东、朱德、周恩来、刘少奇、吴玉章、邓颖超、刘伯承、林彪、杨尚昆等30余人都在机场迎接他们。

当毛泽东和黄炎培握手时，说道："我们二十多年不见了！"

黄炎培对毛泽东的这番寒暄十分惊讶，他在脑海中来回搜索记忆，依旧没有找到答案。

毛泽东笑着回忆起了当年的场景。1920年5月，江苏省教育会在上海欢迎美国哲学家杜威博士前来演说，黄炎培也作了一番演讲，他提到了中国100个中学毕业生中，升学的有多少，失业的却有多少。在黄炎培的演说过程中，台下有一位特殊的听众，正是27岁的毛泽东。黄炎培这才恍然大悟。

黄炎培一行人吃完饭后乘车过了延水，穿过了小小的延安城，入住了陕甘宁边区政府招待所。黄炎培小睡之后，携两个好友悄悄出门了。

黄炎培在各处散步，到处可见居民自己修的新建筑。他向商家店员询问物价和生活情况，与普通民众交谈，了解风俗民情。

他看到了排列着好几家大规模的北方式的商店，叫"过俄行"，是一个大院落，养着不少驴马，他们代客运货，而运到的货，也代客买卖。

街头墙壁上贴着一份拥军公约，是四言的二三十句话，倡导民众和军人之间应该互助。街头有一块黑板，黑板的角上有一个意见箱，任何人都可把意见书投进箱子里。

街道是整洁的，没有看到茶馆，没有看到一个游手好闲的人，也没有看到一个面带烟容而颓唐的人。男女都气色红润，尤其是女子，十分秀硕。

这里到处都有庙会，当地并没有对此禁止或限制，而是借机举行各种有关教育卫生的宣传。

这里的公务员衣食用品都由公家提供，每一位公务员每人每年有棉衣一套，单衣一套，衬衣一套，棉鞋单鞋各几双。

妇女的生育都由公费解决，一位女士笑着说："连妇女卫生纸都由公家供给的。"

孕妇产前坐公家车去医院检查，6个月以下的婴儿，由公家资助费用。6个月以上的婴儿到一岁半之前，公家每月提供面20斤。母亲如果缺少母乳，则由公家供给牛乳。

民众的医药为公费，其他纸笔等用品，也有供给，但有限量，对于作家有特别的优待，比如作家领取纸笔，就不受用量的限制。公家还给体弱的人、高龄的人一些保健费。保健费多少不等，每月几千元到一万元。

中共军队每到一个地方，必首先争取民众，使民众站起来，自由投票，选出他们满意的人做这一地方的乡长或其他公职。军队绝对不干涉地方政治，而让地方的民众自行监督。

一旦兵士和地方老百姓发生纠纷，必须责备兵士，因为老百姓没有枪，不敢也决不能欺侮有枪的兵士。中共的高级军官告诉黄炎培，他们对这类问题的处理办法，一律如此。

据说中共初到时，这里城内不过2000多人，而延安现在人口多达5万，其中公务员占3万以上。

延安中午的温度要比重庆早晚低上十几度，到了晚上，黄炎培回到了卧房，他看着床上堆着很厚的棉被，被一种周到体贴所感动。黄炎培躺在枕头上，想出了一首七律诗：

延安

飞下延安城外山，万家陶穴白云间。
相忘鸡犬闻声里，小试旌旗变色还。
自昔边功成后乐，即今铃语诉时艰。
鄜州月色巴山雨，奈此苍生空泪潸。

第二天，黄炎培又见了一波"素未谋面"的"老朋友"。范文澜见到黄炎培时，先深鞠一躬，自称是42年前浦东中学第一班的毕业生，还上过黄炎培亲授的课。黄炎培没想到在延安还能续上一段珍贵的师生缘分。

陈毅见到黄炎培时就说："我们二十五年不见了！"黄炎培又回忆了好半天。陈毅把黄炎培的记忆拉回到了1919年，当时在法国勤工俭学的欢送大会上，黄炎培代表江苏省教育会作了演讲，而正要去法国勤工俭学的陈毅便是听众之一。黄炎培再次恍然大悟，与陈毅一见如故地畅谈起来。

到了下午，黄炎培等6人一起坐车来到了中共中央机关所在地杨家岭，访问毛泽东。这里的人们称毛泽东便是毛泽东，不大用他的头衔。

高高矮矮的山坡上有一排排窑洞，当中有一所规模较为宏伟的大会堂，从大会堂右边走上山坡上，山坡后面就是毛泽东接待宾客的一间会客室，朱德、周恩来、林伯渠、刘少奇等人都在。会客室为长方形，光线很足，中间安放着长桌，四周各式椅子大约可容20人。四壁挂着清清疏疏的几幅画，其中一幅是沈钧儒次子沈叔羊画的，画中有一把酒壶，上面写着"茅台"二字，壶边摆着几只杯子。画上正是黄炎培题的一首七绝：

喧传有客过茅台，酿酒池中洗脚来；
是假是真我不管，天寒且饮两三杯。

这幅画是1943年国民党掀起第三次反共高潮时，沈叔羊为父亲所画，他在重庆开画展时，请黄炎培在这幅画上题了字，黄炎培当时想起国民党散布长征中的共产党人在茅台酒池里洗脚的说法，就题下了这首七绝。没想到，这幅画如今竟然挂在了中共领袖的会客厅里。

这一回，黄炎培他们已事前约定好要商谈正事，褚辅成首先简略说明了他们的来意，随后黄炎培等人依次发言，阐明他们对国际和国内大局的看法，强调团结的绝对必要性，国共商谈的门是没有关的。

毛泽东则顺势提到："双方的门没有关，但门外有一块绊脚的大石挡住了，这块大石就是国民大会。"

黄炎培对于这块大石的看法与毛泽东一致，他期待中共问题早日得到圆满解决。

在晚餐后的欢迎晚会上，周恩来发表了欢迎词，强调了民主和团结。黄炎培接着致答词，他表示："我们来延安的目的，就是想在促成全国团结上而努力。我们相信现今世界有一种新的趋势，每一个角落，每一个国家，都在由分而合，走向团结的一条路。就是国与国间，也形成了大联合，因此产生了五十个国家合组的旧金山会议。这是世界新的潮流所构成的不可抗的力量，哪一个国家顺着这潮流，哪一国家就有生命；反之，将会失去生命。我们来延安，就是发于这些基本的感想。第二目的想来看看延安。我们来到这里，还只有一天半，当然不够资格说什么话，不过就我所看到的，没有一寸土是荒着的，也没有一个人好象在闲荡。有一位朋友告诉我，政府对于每个老百姓的生命和生活好象都负责的，这句话做到，在政治上更没有其他问题了。"

黄炎培在白天坐车穿过延安城时，眼前忽然闪过一块牌子——"韬奋书店"，他的记忆瞬间被拉回了几年前。

好友邹韬奋当年出走香港后，把生活书店托付给了黄炎培。1941年底，香港沦陷，爱国志士邹韬奋成了国民党反动派的"眼中钉"，不得不踏上流亡之路。

周恩来为确保邹韬奋的安全，把他请来了延安。来到延安的邹韬奋，常常忙碌到深夜，他并不觉得辛苦，反而说："根据地的新鲜事物太多了，总感到时间不够用。"

邹韬奋的老毛病耳疾在劳累中又开始发作，1943年，他因患耳癌秘密返回上海就医。1944年7月24日，48岁的邹韬奋在上海不幸病逝。

1945年7月4日这天一早，邹韬奋的次子邹嘉骝来拜访黄炎培。邹嘉骝当时正在延安大学科学研究院学习机械工学，他很像父亲邹韬奋，这不禁让黄炎培悲从中来，引发了他对挚友的深深思念。

"功课有兴趣没有？"黄炎培问邹嘉骝。

"上课以外，半日作工，很感兴趣。"

"生活费怎样？"

"一切都是公费。"

这里的学生愿意在课余担任生产工作，政府就会给予公费资助，邹嘉骝所在的学院连杂费都由公家供给，这让黄炎培感到更为安心。

这天，黄炎培坐车到郊外，参观了日本工农学校，全校有173名日本人。这里的日本人大致分为三类，一类是刚来的俘虏，观念还未改变；一类是已经改变了的俘虏；第三类不是俘虏，而是志愿来这里服务的人。

校长冈野进是日本共产党的首领，黄炎培和他进行了一番长谈。

黄炎培向冈野进问道："现今世界共同的要求，是民主，是和平。日本军阀恰恰和它相反，这一类人，在这个世界，当然无法生存的。但我们深信日本的民众，并不和军阀一气，可是已经中了很深的毒，今后怎样消毒？怎样回复他们善良的本性？怕很费力气吧！"

冈野进回答："要回复他们善良的本性，重在改造环境。逐渐消除他们怨毒的心理，是一种艰难的工作，但吾人必须努力的。"

黄炎培深有同感地说："是的。要改善政治环境，要使他们认识世界和世界人类，不是这么一回事，过去戴着某种有色眼镜，看出来的一切一切，是错误的。这种工夫，你们是日本前进分子，当然责无旁贷，我们中国人，也很愿意帮同努力的。"

冈野进写过一份日本国民书，结语是："立刻停止战争，打倒军部，打倒战争政府，建立人民政府，建立和平自由的日本。"

黄炎培感觉到了眼前这所日本工农学校的生气勃勃，他把这次的所见所闻写进了《八十年来》这本书里，他在写到这段经历时，又想起了在1917年第四次去日本时的一段往事，那时黄炎培等人刚开始提倡职业教育，他们在东京拜访了东京高等工业学校的老校长手岛精一。黄炎培去了他的家里，与他进行了一番长谈，从职业教育谈到日本劳工问题。

70多岁的手岛精一深深感叹道："日本劳工被压于资本家魔力之下，连职业教育一名词，不许成立，只能说到实业教育。"他还说道："实业教育，是代表资本主义的。你们中国，竟公然喊出职业教育，我们惭愧了。"

黄炎培参观完日本工农学校后，走访了若干老友，还去拜访了毛泽东，他在《八十年来》一书中记下了他们当时所谈的紧要内容：

"我和冷遹两人同毛泽东畅谈到两点多钟。"

"在共产党里，只想消灭别的党，简直和在别的党里，只想消灭共产党，一样的错误。这就是宗派主义的毒。我才是正宗，我以外都要不得。"

"毛泽东还说：'我并没有其他资格，我只是一个师范学校毕业生。'我说：'我只觉你所讲的，都是教育学说上的要点。二三十年以前，提倡的新教育，不就是讲实际知识么？不就是讲尊重人类本能和个性么？不就是讲适应人生需要么？我总觉真理只有一条路，不会歧出的。'"

这一天，是黄炎培访察延安的最后一天，整个正式谈话以他与毛泽东的这次谈话作为结束。在延安的这段时间里，有太多让他记忆深刻的画面，有太多让他深受启发的事情。他对国共团结协作的想法更为坚定，对共产党的行事作风有了更高的评定。

其间有一次，毛泽东问到了黄炎培的感想，黄炎培回答：

> 我生六十多年，耳闻的不说，所亲眼看到的，真所谓"其兴也浡焉"，"其亡也忽焉"，一人，一家，一团体，一地方，乃至一国，不少单位都没有能跳出这周期率的支配力。大凡初时聚精会神，没有一事不用心，没有一人不卖力，也许那时艰难困苦，只有从万死中觅取一生。既而环境渐渐好转了，精神也就渐渐放下了。有的因为历时长久，自然地惰性发作，由少数演为多数，到风气养成，虽有大力，无法扭转，并且无法补救。也有为了区域一步步扩大了，它的扩大，有的出于自然发展，有的为功业欲所驱使，强求发展，到干部人才渐见竭蹶、艰于应付的时候，环境倒越加复杂起来了，控制力不免趋于薄弱了。一部历史，"政怠宦成"的也有，"人亡政息"的也有，"求荣取辱"的也有。总之没有能跳出这周期率。中共诸君从过去到现在，我略略了解的了。就是希望找出一条新路，来跳出这周期率的支配。

毛泽东答道：

> 我们已经找到新路，我们能跳出这周期率。这条新路，

就是民主。只有让人民来监督政府，政府才不敢松懈。只有人人起来负责，才不会人亡政息。

黄炎培十分认可毛泽东的这番话，他认为："只有大政方针决之于公众，个人功业欲才不会发生。只有把每一地方的事，公之于每一地方的人，才能使地地得人，人人得事。把民主来打破这周期率，怕是有效的。"

两人这番经典的对话便是历史上著名的"窑洞对"，又称"延安对"。

7月5日，黄炎培一行人准备返回重庆，他的亡友邹韬奋是去年7月24在上海去世的。黄炎培在临行前写下了一篇纪念邹韬奋去世一周年的文章。

……呜呼！韬奋，君而有知，倘犹忆五年以前之巴州，张家花园之寓楼，一灯如豆，百端悲涕，我欲留君而不得，从此生离死别，一瞑千秋。

写至此处，黄炎培便泪流不止，他忍住悲伤，继续写了下去。

呜呼！韬奋，只留下一副又香又洁的骸骨，问何年得正首丘？今日者，距君之死，岁星忽焉其一周，君身何在？君魂何归？而我乃飘然为延安之游。犹得见君之名于书店，犹得见君之少子嘉骝。此一年来，提及君名，辄为哽噎。呜呼韬奋，被君称为知己之我，乃仅仅报君以热泪之双流。

呼天不闻，呼君不应，此寂寞之人生，欲解脱其何由。

虽然，死者已矣，凡我后死，忍忘天职之未酬！今日者，暴敌行将就歼，国事亦将就轨。胜利！胜利！民主！民主！

君所大声疾呼者，虽不获见于生前，终将实现于生后。呜呼！韬奋，呜呼！韬奋，死而有知，其又何求。

黄炎培将此文留在了延安。在临近中午时，黄炎培一行人来到了机场，毛泽东、朱德、周恩来以及他在延安的新老朋友全都赶来送行。黄炎培等6人与毛泽东等人握手道别，随后登上了回重庆的飞机，结束了95个小时的延安之行。

乘坐在飞机上的黄炎培只见下面的一大群人，越来越小，最后与黄炎培等人告别的是山头整整齐齐的几百千个窑洞。这个画面在黄炎培心里逐渐深刻起来——"在这几百千个窑洞中间的，才是真正延安老百姓"。

回到重庆后的黄炎培，第一时间在中华职业教育社机关召开会议，分享了他在延安的所见所闻。为了让更多人了解延安的实情，他用半月时间将五日的延安之行写成了一本书，取名《延安归来》。当时有朋友提醒他："这万万要不得，你替共产党宣传，太危险了。"

黄炎培却认为他只用朴素的写真笔法，秉笔直记所见所闻和所交谈的内容，绝对不加渲染，并非为共产党宣传。

当时国民政府发布了战时书报检查令，要求报刊图书都必须把原稿送到国民党政府审查机关检查。黄炎培的《延安归来》太过敏感，很可能在送审阶段就被当局扣下，这本书要么会被长久搁置，要么会被删得体无完肤。

黄炎培早在1个多月前的6月9日就向宪政实施协进会提出了"废止图书杂志事先审查案"。眼下，黄炎培与国讯书店的负责人商议，决定不送审而自行出版发行《延安归来》，带头发动一个"拒检运动"。

《延安归来》的书稿在7月30日交给了重庆南岸润华印书馆印刷，以最快的方式突击出版。8天后，《延安归来》就顺利发行了，它成为国统区拒不送检而自行出版发行的第一本书，拉开了"拒检运动"的序幕。

9月7日，《宪政》月刊、《国讯》杂志、《中学生》杂志、重庆《东方杂志》、《新中华》月刊、《民宪》半月刊、《民主世界》、《现代妇女》杂志八家联合发表声明，抗议图书检查制度，议决再不送稿审查。黄炎培主办的《国讯》杂志和《宪政》月刊首先带头签名，随后有多家杂志在"联合声明"上签了名，叶圣陶代表成都17个文化团体起草公开信和宣言，反对国民党当局的图书杂志审查制度。国民党迫于压力，在9月22日的中常会上作出了让步，撤销了对新闻和图书杂志的审查。

《延安归来》初版两万册，几天内就销售一空，成为大后方轰动一时的畅销书。它也不可避免地为黄炎培一家带来了麻烦，这本书发行之后，国民党的特务就到黄炎培家里，不是抄家就是骚扰。他们在黄炎培家里翻箱倒柜，甚至拿枪威胁他的家人。黄炎培的妻子已有身孕，在几番惊吓之后影响了胎气，后来提前了三个月生下了腹中的胎儿——黄炎培的第六个儿子黄方毅。

在当时，有两本书影响特别巨大，一个是美国记者埃德加·斯诺写的关于我国西北革命根据地的纪实文学《西行漫记》，另一本便是

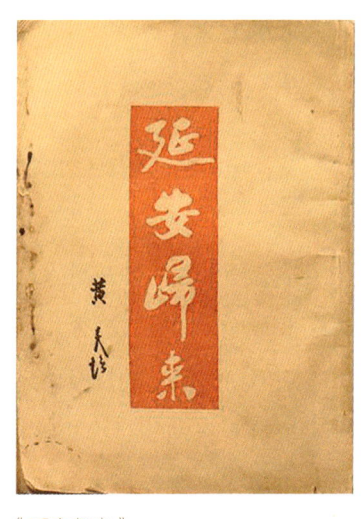

《延安归来》

黄炎培的《延安归来》，这本书感染了无数爱国青年，吸引他们走进延安，走向了共产党。

延安之行成为黄炎培思想转变的重要一步，他常说：罗斯福说自己是中间偏左，我也以中间偏左为准则。从此，黄炎培由国共之间的中立位置，开始偏向共产党。

百年巨匠 Century Masters 黄炎培 Huang Yanpei

第十八章 天快亮了

1945年8月10日晚，日本投降的消息传遍了山城，抗战终于迎来了全面的胜利。黄炎培在日记中写着："自'七七'以来，八年又三十三天，自'九一八'以来，十四年不足三十八天。中间日寇残杀我国同胞，此数年更残杀我盟国同胞，不知多多少少！天网恢恢，元恶终归殄灭，而死者岂可复生。以我一人论，十四年来之努力，徒为抗敌救国而。今日者故妻何在？长子何在？读少陵《闻官军收河南河北》诗，感不绝心。"

抗战虽然胜利，内战的危机却是一触即发。1945年8月28日，毛泽东一行人来到了重庆，国共双方针对中国未来的发展前途、建设大计在重庆进行了一次历史性的会谈，黄炎培代表民盟作为第三方人士参加了国共和谈的政治协商会议。重庆谈判持续了43天，国共两党终于达成了促进全国和平、民主和团结的"双十协定"。

黄炎培倡导职业教育要与工商界保持密切联系与合作，中华职业教育社发起人中就有不少企业家，因此黄炎培身边团结了很多爱国工商业者，他们在抗日战争期间，对军需民用的生产和供给贡献了巨大力量。随着14年抗战胜利结束，"陪都"重庆的政治形势空前活跃，工商界人士联合起来组织一个政治团体的条件已经成熟。黄炎培依托中华职业教育社和胡厥文领导的迁川工厂联合会开始全力筹备中国民主建国会。

1945年12月16日，重庆白象街西南实业大厦举行了中国民主建国会的成立大会，会议通过了中国民主建国会的政纲、组织原则、章程和成立宣言，选举了黄炎培、胡厥文、杨卫玉、孙起孟等37人为理事，选举冷遹、沈肃文、彭一湖等19人为监事。理监事会议又选出黄炎培、胡厥文等11人为常务理事。民主建国会不采取领袖制，没有推选"理事长"等主要负责人。黄炎培被推举为主席团的成员之一。

中国民主建国会的134位发起人里约有半数以上是民族工商业和金融界的代表人物和活跃分子，还有半数是和民族工商业有密切联系的文教界知识分子和经济工作者，民建会成为这两股势力的结合。

由此，存在于国共两党之间的八大"民主党派"，其中有两个由黄炎培创建，一个是1941年3月成立的中国民主政团同盟，一个是1945年底成立的中国民主建国会。民盟和民建两个政党，让黄炎培走向了社会，更走向了政治。民盟最初走的是中间路线，协调国共两党的关系，民建在政治方面开始从中间路线逐步走向"一边倒"。

黄炎培所作的一切努力都是为了那个从未动摇过的教育理想。1946年1月，黄炎培将中华职业教育社总社从重庆迁回了上海，中华职业教育社总社与上海办事处合并。重庆方面仍维持职业指导所、中华职业学校渝校、补习学校等事业。

2月4日，黄炎培带着家人离开重庆，回到了阔别近十年的上海。黄炎培在日记中写道："飞机降落在龙华机场，欢迎的人纷纷前来握手，而我却只想痛哭一场。"

黄炎培在1937年11月7日离开上海，1946年2月4日才回来，他将万千感慨化为一首七律诗：

  十年

  劳劳邛海更巴山，跨劫人归老转顽。

  一别梦悬生死外，十年家堕有无间。

  风尘自检衣缁未，鸡犬都惊鬓雪还。

  剪取绿淞方强笑，邺云捧出血花殷。

  5月，中华职业学校渝校结束了历史使命，与沪校合二为一。部分师生带着一些仪器设备返回了上海，校址仍迁回原来的陆家浜路914号，校长还是贾观仁。复校后，黄炎培担任副主席校董。

  后来担任上海中华职业教育社主任的吴仲信，就在中华职业学校重回上海的1946年考入了上海中华职业学校高级商科。吴仲信的父亲是一个做生意的小老板，他盼望着子承父业，就让吴仲信去中华职业学校念书，学一些本事。

  中华职业学校虽然经历了抗战的艰难岁月，但学校的教学要求是一如既往地严格。吴仲信对当时的学习经历印象十分深刻，他念的是商科，那时没有计算机，学生们通过背口诀来自算，对了就是满分一百分，错了就是零分。

  吴仲信在学习过程中苦练打字技能，他要牢记a、b、c、d在哪里，1、2、3、4在哪里，1分钟要打出来200个字，他也通过这些学习和训练打下了牢固的专业基础。

  吴仲信在学校的3年时间里，除了专业水平有很大提升之外，还受到了进步思想的影响。他在学校地下党的启发和帮助之下，创建了学生会，成为学生会九个干部的其中一个。他也是地下校联的交通员，负责把新华社的消息宣传到学校里来，传递到社会中去。

  在校的学习经历让吴仲信终身受益，他曾说："我们苦得很，一定要苦练,我们在谋生的本领上花了很大功夫,打好了基础。我们在思想上面也有提高,因为学校教你,到社会上要有责任感,要认识这个工作,更好地为人民服务,这样,你有业了以后才能够乐业。"

由中华职业教育社创办的中华工商专科学校也在1946年6月迁到了上海,学校从9月开始招生。黄炎培在1948年为"华专"所作的校歌中,赋予了华专"读书爱国两无荒,文兼武"的性质。

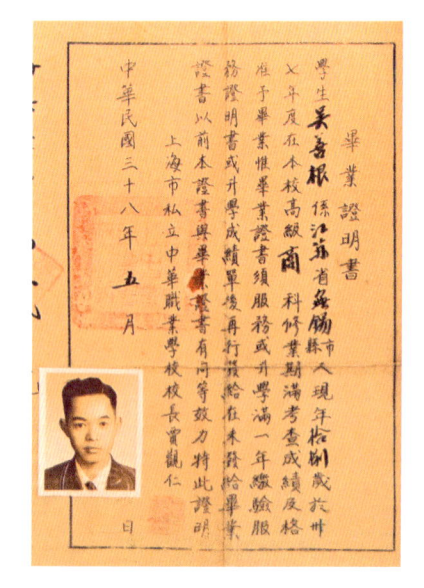

吴仲信(曾用名吴善根)在中华职业学校的毕业证书

学校先后聘请马寅初、郑太朴等人担任教授,邀请沈雁冰、叶圣陶等人来校讲学。在新中国成立前,参加人民革命工作的"华专"人有100多人,在反蒋斗争中,学生、教师被捕30多人,"华专"由此被誉为"上海民主堡垒"之一。

1946年6月,蒋介石发布了停止内战的"六月停战令",然而到了10月11日,蒋军突然袭击解放军所驻的张家口,同时宣布将在11月12日召集"国民大会",破坏国共和谈。黄炎培在日记上写着:"完了,国共和谈从此破裂了!"

历史称这次"国民大会"为"伪国大",当时亲近国民党的人都参加了大会,"第三方的民盟是否参加"成为一个焦点话题,而"黄炎培是否参加"更是一个重头戏。

黄炎培郑重宣布暂不参加,他曾在日记中自述:"我本无意涉足

中华职业学校三十七年度高级商科全体毕业生合影

政海,'九一八'以来,为了抗日,二十九年(1940)以后,为了调解国共纠纷,至今未获返吾原有岗位。至今日国共破裂已达无可挽回之境地,吾决意不参加此项工作了。但民盟是我发起者之一,必不告退,亦不欲以上意公告,恐冷同仁之心耳。"

黄炎培辞去国民参政员的职务,决心留在上海,除了参加民盟、民建的各项活动之外,他就在上海故居闭门读书。抗日战争后期,通货膨胀十分严重,黄炎培一生甘于清贫,稍有钱财也大都用来支持教育和抗战事业。此时,闲居上海的黄炎培不得不依靠卖字赚取生活费。

黄炎培还记下了卖字的情况,"写11件。为周浦大雄义务小学写35件,卖得500万元",到了1947年底,黄炎培全年卖文鬻字所得为4157万。黄炎培写字的报酬为:中堂、立轴、对联、横幅、屏条、扇面,每件米五斗;匾额每字米五斗。他还为此写了一首《五斗歌》:

渊明不为五斗折腰去作官。我乃肯为五斗折腰来作书。

作官作书曾何殊,但问意义之有无。

作官不以福民乃殃民,此等官僚害子孙。

如我作书,言言皆己出。

读我诗篇,喜怒哀乐情洋溢。读我文章,嬉笑怒骂可愈头风疾。

有时写格言,使人资警惕。

我今定价一联一幅一扇米五斗。益人身与心,非徒糊我口。

还有一言,诸君谅焉,非我高抬身价趋人前,无奈法币膨胀不值钱。

黄炎培在1948年1月5日的日记里记录着"米(石)150万元,鸡蛋(枚)4千元",他所挣得的4157万元也绝非巨款,而是内战时期,国内物价飞涨所致,亦如他在《五斗歌》中所说的"非我高抬身价趋人前,无奈法币膨胀不值钱"。

1947年9月4日,黄炎培写下了《天快亮了》一诗,这首诗是他真正抛弃中间路线,完全寄希望于中国共产党的明确开端。

哇!哇!
那一家被丢掉的婴儿,
在一声两声的啼。
很远很远里,
唱出了千声万声的鸡。
天快亮了,
窗缝里,鱼肚白的光条在飞。
……

> 天，亮了吗？
>
> 还没有，
>
> 小心呀！
>
> 这叫做"偷牛黑"，
>
> 慎防夺掉你们最忠良的助手。
>
> 天真的农民们呀！
>
> 这是农村最险恶的关头。

1947年2月27日，国民党政府通知中共驻重庆、南京、上海等地的谈判联络代表全部撤退，宣告国共谈判完全破裂。黄炎培代民盟草拟了《中国民主同盟为国共和谈正式破裂宣言》，此后的两年则被黄炎培视为"天快亮了"之前的"偷牛黑"时刻。

10月19日是黄炎培70岁的农历寿辰，中华职业教育社同人和他的亲友200多人齐聚在中华职业学校的比乐堂，为他祝寿。

黄炎培在生日会上意味深长地说："七十年来可说前后一贯生活在艰苦之中。小时还好，十余岁时父母去世，全赖外祖父培养读书。二十岁，当塾师历四年半，考入交通大学的前身南洋公学，环境全变，始悟天下之大，人才之多，心胸为之一广。……吾辈做人，务必为大众着想，千万不可为一己打算。利人利国，就是善；利己害人，就是恶。我个人七十年来，无善可述，只想少做些恶事耳。"

黄炎培朗诵了《吾年七十了》的自寿诗：

> 早读陈篇梦大同，不期寰宇两传烽。
>
> 官从谢后言尤激，身纵潜时用岂穷。
>
> 老我身车勤史笔，即今民物绕吟筇。
>
> 心心求矩知何在，善化小私成大公。

这首自寿诗也是黄炎培对自己70年人生的一个检讨。他的70寿辰刚过没几天，国民党政府就宣布民盟为非法组织，称民盟"勾结共匪，参加叛乱""煽动5月学潮和上海工潮""并企图颠覆政府"，依照《妨害国家总动员惩罚暂行条例》及《后方共产党处置办法》，对民盟进行"严加取缔，以遏乱萌"。不久后，军警便包围了南京的民盟总部。

黄炎培经过多方斡旋，也没有争取到有力的支持，他最终在无奈之下与国民党方面达成协议，以国民党当局"对无共产党党籍的民盟盟员"不采用《后方共产党处置办法》为条件，选择让民盟自动解散。

11月6日，民盟主席张澜发表"本盟总部同人即日起总辞职，总部也即日解散"的公告。黄炎培写下《我与民盟》一文，以此告别民盟：

> 到今年——1947年10月28日，政府认为民盟为非法团体，禁止活动，民盟同人也已不能活动，而我于其间被推自沪赴京，与政府当局商善后办法。七日之间，会商七次，民盟主席乃于11月6日宣布洽商善后经过，同时正式公告盟员，自即日起一律停止活动，总部同人总辞职，总部即日解散。一部大历史，信而见疑、忠而被谤者，不知凡几。知我罪我，其惟春秋。我只平心静气地问一句：请大家公正检讨民盟从创始到结束，前前后后所有文件，曾有一字一句，能以构成危害国家颠覆政府的罪行者否？

民盟总部虽然解散，但广大民盟成员实际上转入了针对国民党的地下斗争，进一步向共产党靠拢。

1948年5月1日，中国共产党在纪念五一国际劳动节的活动中，号召"各民主党派、人民团体、各民主人士迅速召开新的政治协商会议，成立民主联合政府"。

当时的黄炎培还在国民党特务的监视下蛰居上海，他秘密召开了民主建国会总会的常务委员会会议。会议一致赞成"五一"号召，民建正式向中共表明立场，积极响应"五一"号召，旗帜鲜明地接受了中国共产党的领导。

杜月笙当年在黄炎培的影响下为抗日捐赠了大量的钱财物资，他一直对黄炎培十分敬服，多次向黄炎培求教改进的地方。黄炎培向他提出抽大烟不好，他便戒了大烟。他后来又向黄炎培求教，黄炎培提出他手下称呼他为杜老板也不妥，杜月笙便让手下改称他为杜先生。

1949年初，这位杜先生突然造访黄炎培，并告知黄炎培，他已经被国民党列入黑名单之首了，劝他赶快离开。

很快，黄炎培收到了中共上海地下党转来的中共中央的邀请，中共中央请他北上解放区参加新的政治协商会议。为了让黄炎培安全逃离上海，上海地下党特意放出了一个"烟雾弹"，称黄家准备在春节宴请宾客，好让国民党特务放松警惕。

2月14日，黄炎培以做寿为名在家大宴宾客3天，就在当天，黄炎培带着夫人假装出门购物，乘车到南京路永安公司，跟踪的特务照旧跟着他们到了永安公司。黄炎培和夫人匆匆穿过店堂，从另一侧门出去，坐上了事先安排好的汽车，甩掉了特务。第二天，乔装后的黄炎培在中共地下党的护送下坐上了一艘开往香港的轮船。

1949年3月25日，黄炎培几经辗转，终于到达了解放后的北平，他即将迎来一个全新的中国，迎来一个全新的时代，迎来一个职业教育的全新阶段。

第十九章 在『化私为公』中摸索前行

百年巨匠 黄炎培 Huang Yanpei
Century Masters

就在黄炎培到达北平的那个下午，毛泽东带领中共中央离开西柏坡，到达了北平西郊机场。毛泽东住进了西郊香山的双清别墅，并于第二天在双清别墅家中单独宴请了黄炎培。两人在延安进行了一段经典的"窑洞对"，如今相聚在北平，重温着延安的对话，畅谈起当下时局。毛泽东请黄炎培为日后治国多提意见，两人一直谈到深夜才尽兴而别。

就在新中国的曙光即将照亮中华大地时，黄炎培却迎来了人生中的一个至暗时刻。他的二子黄竞武担任民主建国会临时干事会的常务干事，主持民建的上海地下组织工作。黄竞武当时担任上海中央银行稽核专员，正在全力揭发国民党把中央银行库存的黄金白银偷运往台湾的行径。他发动职工怠工，拒绝运输。5月12日，黄竞武在上海被国民党保密局特务逮捕，在遭受严刑拷打后于18日凌晨被国民党杀害。

八天之后，上海解放了。黄炎培却得到了儿子黄竞武被害的消息。民建为黄竞武举办了追悼会，黄炎培在追悼会上沉痛地说："竞武于前清光绪二十九年六月十日生于川沙，那时候，我在川沙办小学，因在南汇县演说，被捕下狱，两江总督电令就地正法。而在此电令到县之前一小时，得救出走日本。其时，竞武出生还不到二十天。料不到，我活了七十二年，到今天我的头还在颈上，而竞武已被惨杀了。竞武死了，倘若他预知死后八天，上海六百万市民便得解放，全中国四万万五千万人民将先后都得到解放,竞武!你虽死得惨,也可以安心的了。"

1949年10月1日,天安门广场上举行了盛大的开国大典,毛泽东向全世界庄严宣告:"中华人民共和国中央人民政府今天成立了!"黄炎培站在天安门城楼上,与30万军民共同见证着这一历史性的伟大时刻。

这一天,也是黄炎培的生日,他难掩激动的心情,一口气写下了《天安门歌》:

> 归队五星旗下,高声义勇军歌。
> 新的国名定了,"中华人民共和"。
> 大野秧歌四起,红颜白叟黄童。
> "中华人民领袖,出一个毛泽东。"
> 主义推翻帝国,友邦首重苏联。
> 今年"一九四九",中华采用公元。
> 辽金元明清帝,帝京此地千年。
> 是人民的首都,今朝还我河山。
> 是自己的政府,是人民的武装。
> 画旗夜灯一色,天安门外"红场"。
> "红场"三十万众,赤旗象征赤心。
> 赤心保卫祖国,赤心爱护人民。
> "国民"改为"人民",中间用意深深。
> "民"众站立起来,堂堂地做个"人"。
> 为了革命牺牲,是"人民英雄们"。
> 英雄"永垂不朽",立碑中华之门。

礼炮五十四发，单位恰符"政协"。

震起中华国魂，民主和平统一。

黄炎培在《永远纪念着的一九四九年》一文中说道："吾生已七十二岁，已过七十二个年节，何以独要永远纪念一九四九年呢？因为自二月十五从上海脱离国民党的监视来到北京，筹备政协，参加政府以来，所闻所见，无一不新颖，无一不感动。其尤为突出的感受，'人'的地位被发现了，'解放'的力量被认识了。"

黄炎培在这年8月写下《中华职业教育社奋斗三十二年发现的新生命》，并将文章呈送给毛泽东、周恩来等人审阅。毛泽东对文章给出了高度评价，认为应该送报纸发表。10月15日，《中华职业教育社奋斗三十二年发现的新生命》在《人民日报》《光明日报》上全文发表。

黄炎培在文中写道："希望早日实现社会主义、共产主义，它一群人并且已经清楚地认识了一点，就是只有实现社会主义和共产主义，才能使人类职业问题获得最实际而美满的解决，才能十足地完成它最伟大的'无业者有业''有业者乐业'的使命。"

同时，黄炎培在文章的"后言"中回应了部分人关于"职业教育，是资本制度下的产物"这一说法：

我们所争，在实不在名。名只须表达它内在的意义，不过要表达得正确，越正确越好。

职业教育，不但是资本制度下的产物，而且还是封建制度下的产物（中国过去的社会是这两种并存的，而且封建的意味并不较淡于资本。我所感到，是这样的），但它本身是平民化的，是为解决平民生计问题而产生出来的，是进步的。

例如问，华莱士是美国人么？不错，华莱士生在美国的，但不是美帝，是美而非帝。若说凡产生在资本社会、封建社会里的东西，都成问题，那么全部教育不都从这些中间产生而演变出来的么？科学不也是这样吗？

……如果在职业教育以外，找到一个新的名词，能正确表达这些内容，我们是极端欢迎的，并且应该大家寻求的。

黄炎培乐观地写下了《中华职业教育社奋斗三十二年发现的新生命》，提出了"化私为公"的方针，然而就在一个月后，即9月的政协筹备会常委会第六次会议上，职业教育就遭遇了一波不小的阻力。

在新政协讨论"共同纲领"的教育部分时，职业教育再度引发了大家的激烈争论。黄炎培与朱德、马寅初、李立三等人主张在教育一章中加入"职业教育"，他们的提议遭到了不少人的反对。有人认为职业教育是资本主义国家的产物，黄炎培等人与反对人士一再争论，最后通过的纲领中只增加了一句："注重技术教育。"黄炎培心有隐痛，却仍坚信新中国新时代的职业教育，会进入一个全新的阶段。

10月11日，黄炎培家中迎来一位特殊的客人，周恩来在百忙之中亲自登门拜访，他想劝说黄炎培出任政务院副总理兼轻工业部部长。黄炎培婉言谢绝，他早已表示此生不再当官。周恩来则说："在新政府任职，不同于在旧社会做官，现在是人民的政府，是为人民服务。在全国政协会议上，由全国各党派一起千斟万酌的制定的《共同纲领》，就是为人民服务的'剧本'。我们编了'剧本'，自己怎能不上台唱呢？"

周恩来的一番话让黄炎培陷入了思考。黄炎培经历了晚清政府的腐败无能，也见识了民国时期国民政府的黑暗与丑恶，本想一心投身教育事业的他，后来为了抗日大业不得不介入政治。如今，黄炎培已到古稀之年，终于等到了一个和平民主的新中国，他该为这个奋斗了一生的国家做些什么？

第二天晚上，周恩来再次登门劝说，黄炎培被中国共产党人的民主作风和诚意深深打动，答应出任新中国的政务院副总理兼轻工业部部长。

10月19日，黄炎培在中央人民政府委员会第三次会议上被任命为中华人民共和国中央人民政府政务院（后改为国务院）副总理兼轻工业部部长。一向拒绝做官的他在《为参加行政工作一封公开信》中对为官的决定有一番阐释：

> ……我自从参加人民政协，就参加中央人民政府，接受了政务院工作。33年来给我官不做的我，现在怎么做起来了？这点愿向诸位说明一下：人民政府，是人民的政府，是自家的政府。自家的事，需要人做时，自家不应该不做，是做事，不是做官。

黄炎培在《中华职业教育社奋斗三十二年发现的新生命》中提到："使一部分私人的事业，化为全体人民公共的事业，而永远为全体人民所支持，即永远认全体人民为它的主体。""它所创办的学校，依其必要和可能，归之于公家。"

由此，"化私为公"便成为中华职业教育社的既定方针，中华职业教育社总社于1949年12月由上海迁往北京，在上海设立了分社。在中华职业教育社创办的32年时间里，社员已达3万多人。中华职业教育社创办了中华职业学校，还创办了中华工商专科学校、南京女子职业传习所、镇江女子职业学校、四川灌县都江实用职业学校、昆明中华业余中学、上海比乐中学。中华职业教育社还在昆山徐公桥创立乡村改进实验区，推动了乡村教育和乡村建设，还联合地方实业家开办了各类职业学校，在上海就办过七个职业补习学校。中华职业教育社还在上海开办了职业指导所，并逐步将职业指导所扩展到重庆、桂林、昆明等地，帮助了更多的人。

从1950年3月起，中华职业教育社开始接受政府补助费，迈出了"化私为公"的第一步。在4月召开的第一次工作讨论会上，中华职业教育社提出今后的工作"以技术教育、业余教育为重点"。

1951年7月12日，国家轻工业部对中华职业教育社发布了公告：经本届教育部技术教育会议决定，技术人才的训练应由企业部门直接领导，因此希望中华职业教育社所创设的上海中华职业学校及中华工商专科学校移交该部办理或先行密切合作，专门训练轻工业技术人才。

1952年1月，中华职业学校正式交公，移交给轻工业部，改名为上海轻工业学校。学校自1918年到1951年，培养了学生8800多名，许多优秀毕业生都成为我国民族工商业的骨干人才。

到了7月，中华工商专科学校也迎来了谢幕时刻，学校的财产、图书、仪器等在全国推行的院系调整中，分别移交同济、交大、体育、财经等院校。"华专"从1943年创办起到结束时共培养了八届学生，共计970名毕业生。

在抗战以前，全国正规的职业学校有494所，已是少得可怜的数字，抗战结束后，全国正规职业学校仅剩下424所。随着中华职业学校转为公立学校，全国其他的职业学校和一些机构也陆续"化私为公"。

上海职业指导所从 1953 年起就没有了业务，于次年宣布正式结束。各地的职业教育机构在这股"化私为公"的浪潮中陆续结束了历史使命。

1952 年，黄炎培在《立社三十五周年纪念日一封公开信》里不免感慨地写道："'职业教育'这一名词，到今天只成为历史性纪念品了。"

中华职业教育社开始着力实行"以技术教育、业余教育为重点，而尤重业余教育"的方针，在教师工会第一次全国代表大会召开后，中华职业教育社深知农村教师所教的学生往往是城镇教师教的好几倍，深感农村小学教师的教学水平直接影响着亿万农民子弟的教育问题。在农村生活的人们大多文化程度较低，许多小学教师的文化程度尚且达不到小学毕业生的水平，如何教育别人？中华职业教育社便想为农村小学教师做职业补习服务。但让农村教师脱离工作集中学习似乎不太现实，很难采用业余学校的方式，中华职业教育社便找到了一个有效途径——函授教育。

学校只需要提供一本函授教材，学生就可以自行安排学习进度和学习时间。函授教材会比同等水平的师范教材更为浅显易懂，更适合农村小学教师的接受能力，有的教材甚至可直接作为教学的讲义，帮助教师一边学习，一边备课。函授教育除了编写教师教材之外，最主要的工作就是答疑，教学工作会针对普遍性的问题在下期函授教材中统一答复，对于非典型问题，会进行个别复函答复。

中华职业教育社决定与全国教育工会合办一所函授师范学校，经过几个月的筹备，业余函授师范学校于 1951 年 5 月正式成立，成为新中国最早成立的一所函授师范学校。

经过了一年多的教学实践，学校将函授教育的教学经验总结出来，发表在《人民教育》杂志上，引发了不小反响。不久之后，业余函授师范学校改名为北京函授师范学校。

到了1953年，全国各地的函授教育在教育部的统一部署下逐渐活跃起来。根据当年上半年针对华北、东北、华东三大区的不完全统计，参加业余学习的小学教师多达28万余人。

北京函授师范学校在1954年12月召开"函授师范学校教学经验座谈会"，十余个省市的十八所学校都积极参会，黄炎培、杨卫玉及教育部副部长韦悫、叶圣陶等人出席了会议。这次会议明确了函授教育的基本特点是分散自学和通讯辅导，基本形式为：（一）自学教材；（二）完成测验作业；（三）讲习；（四）考试；（五）实习与实验。基本环节为：（一）指导自学；（二）批改作业；（三）考察成绩；（四）假期讲习。

1955年9月，黄炎培因病住进了北京医院，做完手术的他仍念念不忘工作的事，他在11月5日给毛泽东的信里写道：

> ……今天是施行手术以后第十六天，第一次提笔写字，首先向主席作这报告。希望这副老机器经过这次整理完好，今后能较多地较好地为人民效力。只想接受医师谆嘱，把销假展迟些，让精神充分恢复。
>
> ……我准备把这副老机器活动力完全恢复以后，发挥我新的精神，重复投入战斗部队，为光荣地执行主席又一次对工商业社会主义改造的珍贵指示而努力。

不久之后，毛泽东在回信中提到"工商界改造工作有进步，令人欣慰"，让黄炎培"注意保养，恢复健康"。

职业教育虽然在理论上不被提到，在实践中却快速发展着。新中国所大力推动的技术教育，实质上是职业教育的一部分，中专、技校、农业学校等都是不叫职业学校的职业学校。

职业教育被贴上"资产阶级"的标签而遭到否定，在"化私为公"的过程中，理论界对改良主义的批判越发尖锐，中华职业教育社这样的老教育派别首先受到了冲击。

黄炎培曾在中华职业教育社成立三十九周年的纪念会上，提出了"中华职业教育社的前途问题"，"考虑在1957年5月6日中华职业教育社成立四十周年纪念大会上正式宣告解散"。

黄炎培还提出："过去，中华职业教育社一群人的工作，究竟对国家、对人民有没有贡献？有没有错误？社到了四十年，应该有个总结。"

众人在纪念会上进行了讨论，最后认为："可以考虑结束。最终是要结束。但不能马上考虑结束。"

1957年5月7日，中华职业教育社召开了理、监事扩大会议，提出本社在当前情况下应继续进行工作，而工作的重点为两方面，首先是进一步把函授师范学校办好，第二是在国家政策和党政机关的领导下，对有关人士继续加强联系工作，以联系国内者为主，对国外有关人士也可进行必要联系。《中华职业教育社奋斗三十二年发见的新生命》一文已对中华职业教育社作出了总结，决定不再进行四十年总结。

会议决定倾向于不结束中华职业教育社，但众人依然摇摆不定。就在中华职业教育社为前途感到迷茫和焦虑不安时，中共中央统战部的李维汉部长作出了明确表态，要求中华职业教育社"继续工作，发挥力量"。

中华职业教育社分别在上海和北京两地举行了四十周年纪念活动，5月26日，中华职业教育社成立四十周年纪念会在政协文化俱乐部举行，周恩来在李维汉的陪同下，出席了这次纪念大会，进行长达两个多小时的真挚讲话。周恩来在讲话中说道："中华职业教育社是一个知识分子的团体，从中华职业教育社所走的路，也可以看出中国知识分子的历史道路。"

周恩来在最后鼓励道："我们正处在继往开来的时期，放在知识分子面前的任务是艰巨的，我们应该好好学习，努力改造，只有不断地学习、改造，才会不断地前进。"

这一年10月，黄炎培迎来了80岁生日，他在《八十初度漫谈》中写道："我年八十了，我活下去，我还要好好工作，在中国共产党领导下，就我现时体力所及，……参加社会主义建设的工作；同时我还要好好学习，向工人阶级学习，通过思想改造，努力掌握马克思主义的世界观，把从几十年资产阶级社会里生长出来，养大起来的我，彻底改造成为一个工人阶级的脑力劳动者。"

1958年1月1日，黄炎培开始写作《八十年来》，他把自己七八十年来的精彩人生和历史巨变都写进了书里。为什么不写人生高潮的几十年，或者是最近几年？黄炎培借用了高尔基的话来回答："为了正确地评价现在，就必须了解过去。目前我们中间，还有不少这样的人，他们全然不知道过去苦役般的生活，因而也就不能正确地评价现在。"

黄炎培要写清楚每一时期的前后因果，把一段客观、完整的过去呈现给世人，把他的精神思想融入这八十年的岁月里。他在《八十年来》的"自序"中写道："一九四九年十月一日中华人民共和国成立，我参加人民政府工作，继当选全国人民代表。我响应领导党号召，本我所见所闻和行动，秉我是是非非的直笔，陆续写成《八十年来》。看看今天，想想昨天，大家知所努力。我个人呢，在党和毛主席领导下，一分精神全为国，一寸光阴全为民，以'天天向上'自勉，这样学习到老，改造到老。"

百年巨匠

黄炎培
Huang Yanpei

第二十章 函授教育的突围

1958年5月,刘少奇在中共中央政治局扩大会议上提出了两种教育制度"两条腿走路"的教育方针。除了全日制的学校教育制度和工厂8小时工作劳动制度,另一种制度是半工半读制度,即"半工半读的学校教育制度"和"半工半读的工厂劳动制度"。

两种教育制度看似为中国的职业教育带来重新发展的转机,然而当时"左"的风暴正强势,中国的职业教育仍在艰难前行。

1959年10月,中华职业教育社有位社员给黄炎培写信,抱怨自己"仰给妻子的接济,可耻可辱",黄炎培给他写了一封回信,批评他轻视妇女的旧意识,劝他不要眼高手低,轻视体力劳动,应当主动去街道做一些帮助工作。后来,黄炎培把这封信公开发表在《社讯》上,以此警醒更多读者。

全国中学升学率长期低迷的问题日益加重,1963年10月,周恩来在总结国家教育发展时提到:"每年的中学毕业生,能升到高等学校的只有十几万人,今后十五年内,一年最多也只能发展到三十万人上下。而最近几年,全国每年进入小学的新生,约一千五百万人。这就是说,如按进入小学的学生计算,只有百分之一到百分之二能升到高等学校,绝大多数都要陆续就业。"周恩来明确指出:"光有普通中小学教育而没有职业教育是不行的,所以必须努力办好职业教育。"

周恩来向全国发出了"重视中、小学教育和职业教育"的号召,还提议"大中城市不宜发展过多的普通初中,主要发展职业学校"。

"职业学校不可能过多地依靠初中改办、要发动工交财贸系统的厂矿、企业单位和大农场、林场办,国家也要直接办一些,还可以要求军队办一点。现有中学也可以增设一些职业班。"

教育部在1962年宣布中等函授师范教育的试点工作已经完成,北京函授师范学校结束。函授教育已在全国取得了较好的成绩,积累了一定影响力。政府发出了开展业余教育和民办学校的号召,中华职业教育社响应号召,准备在北京创办中华函授学校。

中华函授学校采取以函授为主,函授与面授结合的方式进行教学,决定首先开设高中语文科,黄炎培负责筹办中华函校的相关事宜。他在7月3日的日记中简要提到了中华函校的创办过程,这也是他在日记中第一次提到中华函校:

> 午后三时半,职教社第四届第二次扩大常务理事会。我出席,谅我劳累,推杨扶青主席。出席者:
>
> 张知辛、周文耕、王艮仲、吴研因、陈青士、蒋仲仁、陈乃昌、陆厚仁、邢坚、陈昌杰、顾道生、赵擎宸、穆克敬、朱增华、褚克仁、吴真光(轻工部)。
>
> 通过京社1962年工作计划草案。
>
> 我办中华函授学校问题。
>
> 开展联系工作情况。

7月15日的《人民日报》,刊登了《简讯——中华函授学校高中语文科将招生》:

> 中华职业教育社在北京创办的中华函授学校高中语文科已筹备就绪,暑假期间即正式开始招生。这所函授学校是为

了适应青年学习文化的需要而创办的。目前先开设高中语文科，采取函授与面授结合而以函授为主，自学与辅导结合而以自学为主，分散学习与小组集中学习结合而以分散学习为主等方式，指导初中毕业程度的青年学习语文，计划把全日制高中分散在三年内教授的语文课程，集中在一年半以内教授完毕，使参加学习的青年语文程度提高到全日制高中毕业的水平。

中华职业教育社在过去的十一年间，在党和教育部的领导下，举办函授师范教育，先后在河北省的蔚县、新乐，山东省的泰安等地区招收三千多名在职小学教师进修文化，取得了一定的成绩。

中华函校的筹备工作接近尾声，黄炎培在7月14日亲自为学校题写了校名——中华函授学校。

第一届"高中语文科"函授班在8月开始上课，全国各地的干部学习热情高涨，纷纷来信要求参加函授学习。中华函授学校在开设高中语文科的同时，又办起了"语文学习讲座"的函授班。

"语文学习讲座"于9月正式开办，每年举办两期，每期持续半年，邀请了叶圣陶、吕叔湘、谢冰心、赵朴初、王子野等著名文学家、作家来担任授课教师。讲座采用现场讲课、录音授课、出版讲稿三种方式，便于更多人加入学习。

学校创办了《语文学习讲座》的刊物，邀约了众多作家撰写专稿，这份函授辅导刊物在办刊宗旨中明确提到："我校编印《语文学习讲座》主要是为具有初中毕业程度要求学习语文的在职干部，介绍自学语文的门径，提供自学语文的材料，帮助大家较有计划地自学语文,提高阅读和写作能力,更好地为社会主义建设服务。"

中华函授学校在1962年到1964年的两年时间里举办了各类学员代表会、座谈会35次,学校工作人员到23个单位访问学员,与学员电话联系多达2000多次,处理了学员来信11万多件。《语文学习讲座》的录音在1964年之前就已被45个单位借去播放或委托转录,在全国掀起了一阵学习热潮。

1966年,一场浩劫袭来,受"文化大革命"影响,中华函授学校在6月停办。学校创办将近四年,编写完成高中语文函授教材一套,《语文学习讲座》三十八辑,《农村语文学习讲座》一套,培养了学员三万余名。

在这几年的时间里,"左"的倾向依旧严重,周恩来对职业教育的倡议没能得到充分实施,职业教育还没来得及恢复和重新发展,就在这场十年浩劫中再度沉寂,等待光明。

百年巨匠 Century Masters

黄炎培 Huang Yanpei

第二十一章

一分精神全为国，一寸光阴全为民

> 我个人呢，八十年来的生活，每一时期，广泛地直接间接地都发见到或参加到不少突出的事事物物。到今天我有责任记录起来，予以批判。我常这样想：作为一个"历史见证人"，也应该把他亲眼看到、亲耳听到、亲身接触到的，向着人民群众，提出一份忠实的证明文件！
>
> ——《八十年来》

1964年10月，黄炎培写完了人生自述《八十年来》，他在全书的开头明确了写作原则和体裁：

> 有关个人生活的事事物物，成为社会问题的，写上去，否则不写。所有事事物物，是采用笔记体裁，或分或合，或长或短，或详或略，自由自在地写的。

黄炎培不想把这本书写成个人自传，他只是根据时代的演变和个人情况，将自己的人生划分成了四个时期。

第一时期是1878年到1900年，当时清廷腐败，中国衰弱。帝国主义列强相互勾结，不断侵略中国。那时的黄炎培还在私塾里学习旧文化，沉浸在四书五经的旧学中。

第二时期是1901年到1913年，黄炎培考上了南洋公学，遇到了一生的恩师蔡元培。他在恩师的指导下，走上了办学之路，开启了教育生涯。他见证了辛亥革命爆发和中国几千年的封建统治的落幕,并在新文化的洗礼下,加入了民主革命运动。

第三时期是1914年到1930年,也是新学和旧学交锋的时期,职业教育受到了传统观念的束缚,被世人嗤之以鼻。黄炎培逆势而行,创办了中华职业教育社和中华职业学校,开启了职业教育的探索之路。

第四时期是1931年到1949年及以后,日本发动了侵华战争,黄炎培在战火中漂泊入川,却始终在战火中继续着职业教育的梦想。

1949年之后,黄炎培迎来了新中国,继续探索职教兴国之路。毛泽东希望黄炎培以主人翁的姿态投入到国家的建设中,为建国治国多提意见。

也是从这一年起,黄炎培开始与毛泽东频繁通信。他一共给毛泽东写过117封信,毛泽东亲笔回了60多封信。毛泽东在新中国成立后总共写过1800多封信,给黄炎培的回信就占了三十分之一。

抗美援朝最开始为战士们定下的名字是"中国人民支援军",黄炎培提议"支援"意味着跟美国开战,中国政府派出去的,应该叫"志愿军"。这个说法得到了毛泽东的认同,于是抗美援朝的战士最终定名为中国人民志愿军。

到了1950年左右的土地改革时期,黄炎培来到了南方的水乡。当时政府下达了填河的指令,黄炎培感到十分惋惜,就向毛泽东申请把这些东西保留下来。黄炎培的建议得到了毛泽东的同意,大片水乡得以保留,这才有了后来江苏的周庄、浙江的乌镇。

1952年,毛泽东在春节时期的聚会上把黄炎培请到身边,说起人民喜欢黄炎培的诗,特别是新诗《红桑》,而他却喜欢黄炎培的旧诗,希望黄炎培可以把他的旧诗寄给他。

后来，黄炎培把他写给妻子姚维钧的诗抄在了纸上，装订成诗词册页，把它借给了毛泽东。结果毛泽东看后爱不释手，将其视若珍宝，经常带在身边，信手翻阅。他后来对黄炎培说，你的这本东西我扣押了，暂做压品，我希望你给我重新写一份。

黄炎培去了荣宝斋，买了很好的宣纸，为毛泽东重新写了一份诗册。毛泽东在1954年和1956年写下两首词回赠了黄炎培，一首是《浪淘沙·北戴河》，一首是《水调歌头·游泳》。这两首词后来在《诗刊》创刊号上发表后，就广为流传。

黄炎培与妻子姚维钧的婚姻生活充满了诗意，两人相识相知的过程也十分浪漫。在抗战时期，与黄炎培共同生活了42年的结发妻子王纠思在1940年因旧病复发，不幸去世。一年后，黄炎培遇到了相伴余生的另一位知己姚维钧。

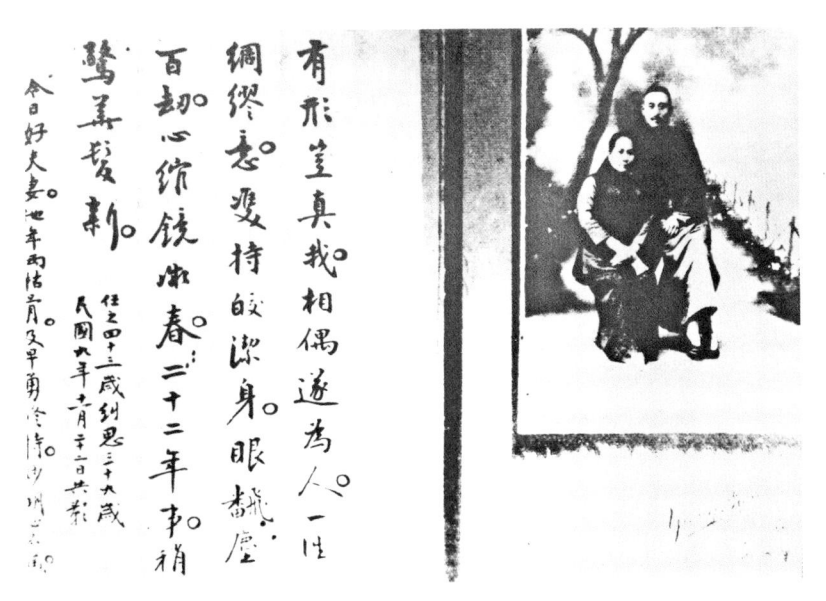

黄炎培与夫人王纠思

1941年，名满天下的黄炎培来到大夏大学作抗日演讲，比黄炎培小31岁的女大学生姚维钧就坐在台下，她被黄炎培的演讲内容深深吸引。随后，她开始主动给黄炎培写信，向他请教问题。两人在8个月的书信交流中，将彼此的心意融在了这100多封信里。

后来，黄炎培主动提出和姚维钧见面。两人相见后，黄炎培竟对姚维钧一见倾心，见面6天后，黄炎培就向姚维钧求婚。1942年，情意相投的两人在巴蜀中学礼堂举行了婚礼。

黄炎培的第二段婚姻是非常幸福的，王纠思曾为黄炎培生下12个孩子，姚维钧对他们都视如己出，她后来与黄炎培有了4个爱情的结晶，夫妻二人共同经营出了一个温馨的大家庭。

黄炎培在两人结婚的第12个年头，专门定制了紫红色封面纸夹，用来包装100多封信，黄炎培在上面写着"灵珰百札：黄炎培姚维钧共同生活第13周年开始"，他用这100多封情书，纪念夫妻二人的浓蜜深情。在两人结婚20周年时，黄炎培还为这个重要时刻写下了一首诗。

结婚二十周年纪念两绝句

知己同居二十年，总续儿女满堂前。
全民获得新生命，迎取朝阳照大千。

惭愧吾生勤笔舌，千山万水未参加。
唱随改造相偕老，双捧丹心献国家。

黄炎培出过三部诗集，《天长集》《红桑》两部都由妻子姚维钧作序，诗集中收入了很多黄炎培和妻子唱和的诗，这份充满诗意的夫妻感情令人羡慕不已。

黄炎培对孩子的教育是严格的，儿子黄大能回忆，他们拿到几毛钱的零花钱，必须记账，可以拿这个买书，但要用这个钱买零食或者看电影，就会受到批评，下个月就没有零花钱了。

黄炎培在家中挂上了一副对联，上联是"毋忘孤苦出身，看诸儿绕膝相依，已较我少年有福"，下联是"切莫奢华过分，听到处向隅而泣，试问你独乐何心"。横批为"示儿"。

黄炎培的32字家训也足见黄家的严明家风：

> 理必求真，事必求是，
> 言必守信，行必踏实。
> 事闲勿荒，事繁勿慌，
> 有言必信，无欲则刚。
> 和若春风，肃若秋霜。
> 取象于钱，外圆内方。

"理必求真，事必求是，言必守信，行必踏实"这16个字是黄炎培常放案头的座右铭，后来它也被黄炎培的儿子黄达能放于案头，用以自律和自省。

1965年，88岁高龄的黄炎培还在坚持工作，他出席了最高国务会议、人大会议、政协会议、民建工商联等会议，连任了全国人大常委会副委员长。

11月30日，黄炎培病情加重，他在妻子姚维钧的陪伴下住进了医院，黄炎培在这天的日记中写道：

> 决住院，维陪我，但学习不可废。
> 下午三时入院，住旧时惯住之310号。

吴洁主任、金玉如医师等来诊察。吴主任说，已退烧了，看来三四天可出院。

但到了12月2日，为黄炎培诊治的金医师考虑到他的身体仍有问题，建议他改期出院。黄炎培听从了医师的指示。

12月3日傍晚，时任中央统战部部长平杰三来医院看望黄炎培，他提到了次日上午九点半的人大教育部长报告，问黄炎培能否出席。黄炎培决定先询问医师再向他答复。

等平部长走后，黄炎培向金玉如医师说，如体温、脉搏不正常，或大便不正常，可告病假。现都正常，我为国服务，只一二个单位，希望同意。

金医师同意了黄炎培的申请。黄炎培如期出席了会议，听取了教育部部长何伟报告关于半工半读、半农半读教育情况的报告提纲。而黄炎培因在病中，脑力和体力衰弱，不能发言，只为此作了书面声明。

回到医院的黄炎培依然没有停止工作，陆续有人来医院和他商谈正事，谈论石景山钢铁厂的事，还有普通中小学、半工半读学校的一些事宜。这些内容都被黄炎培记在了日记里。

黄炎培从1911年开始写日记，他的这个习惯在儿子黄方毅心里留下了一段珍贵的"书斗记忆"。

黄方毅出生于1945年，在他近20年的记忆里，父亲每晚都要从书斗中取出日记，伏案记下当天的事，再随手把日记本放回书斗中，天天如此。黄炎培对日记本极为珍视，历年的日记都摆放在桌椅背后随手可拿的黑色硬木书斗里，这些书斗可装可卸，装起来是书柜，卸下去就是书箱，几个书斗跟随了黄炎培的一生。

1965年12月6日下午，黄炎培开始高烧不退，病情急转直下。

他写了54年的日记停在了12月15日这天。

> 15日星期三晴
>
> 路路、小同、学潮、心一、张秀奎、大力来。
>
> 王艮仲来。

黄炎培在去世前将这份珍贵的《黄炎培日记》捐给了国家，他在将近55年的日记里记录了大量的历史资料，他一生遇事之多，涉世之深，交友之广，让这些日记具有很高的历史价值。

1965年12月21日凌晨4时40分，黄炎培停止了呼吸，走完了波澜壮阔的一生，享年88岁。

这天下午，朱德、周恩来赴医院向黄炎培作遗体告别。周恩来见黄炎培还穿着一身病人衣服，对此十分感慨。他认为黄炎培一生为国为民，走的时候应该穿一身像样的衣服。他就和姚维钧商量，想让黄炎培在追悼会上换一身行装，随后，周恩来嘱托工作人员，为黄炎培连夜地赶制了一套毛料的中山装。

12月24日上午，首都各界在中山公园中山堂为黄炎培举行了隆重的公祭。朱德主祭，周恩来、邓小平等人陪祭。时任人大常委会副委员长刘宁致悼词：

> 黄炎培先生是一个爱国的民主主义者。他1878年出生于江苏省川沙县一个封建家庭。早年受学于上海南洋公学，1902年应江南乡试中举。曾加入孙中山先生领导的同盟会，参加了辛亥革命和反对袁世凯的窃国斗争。1937年七七事变以后，日本大举入侵中国，黄炎培先生奔走国事，参加了抗日救国运动，同中国共产党和进步人士有了接触。抗战期

间，他代表中华职业教育社同其他民主党派一道，参加发起了中国民主政团同盟。1945年，黄炎培先生和各党派以及一部分知名人士为了促进两党恢复和平谈判，到了延安，亲自与毛主席接触，看到抗战圣地的一片新兴气象，写成了《延安归来》一书，表达了当时他对党和毛主席的敬佩。

……中华人民共和国成立之后，十多年来，黄炎培先生作为民主建国会的主要领导成员，在参加国家的政治活动方面和推进中国民主建国会会务方面，作出了自己的贡献。

黄炎培先生出生于国家内忧外患交相煎迫，人民生活极为痛苦的时代，在旧社会经历了迂回曲折的道路，终于找到了中国共产党的领导。近年来他参加了党领导的社会主义革命和社会主义建设。他表示：决心遵循党和毛主席的教导，愿和全国人民一道，听毛主席的话，跟共产党走，走社会主义的道路。

黄炎培的骨灰安放在北京西郊的八宝山革命公墓。儿子黄大能谈到对父亲一生的评述时，他简短地回答道："苦心探索的一生，勤奋实践的一生。"

黄炎培怀着"教育救国"的理想，开拓出了中国职业教育的一番天地，他的职业教育思想成为我国职业教育领域的思想宝库。这位教育家、民主革命家、社会活动家一生矢志不渝地践行着"一分精神全为国，一寸光阴全为民"的信念。

1978年，十一届三中全会在北京召开，会议冲破长期"左"的错误和严重束缚，在全国开始了对内改革、对外开放的政策。"冬眠"已久的职业教育伴随着党的各项政策的实施开始苏醒。

1979年冬，中华职业教育社上海工作组成立，昆明的社员、社友们把中华业余学校重新开办起来。第二年夏，中华职业补习学校得以恢复。

1982年5月6日，中华职业教育社在政协礼堂举行了65周年纪念会，时任全国政协副主席李维汉写下了贺词："中华职业教育社的历史，在一个侧面反映了我国社会近六十多年来的发展变化，有它的优良的特点和作风。谨向黄、江、杨、冷四老致怀念之意。祝中华职业教育社同人们继往开来，为新时期社会主义的文化教育作出光辉的贡献！"

时任全国政协副主席兼秘书长刘澜涛在讲话中提到："中华职业教育社的创始人黄炎培先生，是值得尊敬的民主运动战士，是教育界的老前辈，是中国民主建国会的创始人之一，也是共产党人忠实的好朋友，又是已故的国家领导人之一。我们纪念他，怀念他！"

1985年，胡耀邦为中华职业教育社复刊的《教育与职业》杂志亲笔题词："重放光彩"。这本由黄炎培在1917年创办的杂志，至今仍在按期出版，成为中国职业教育最权威的杂志之一。

中华职业学校在1951年被黄炎培带到了轻工部，"化私为公"。之后，学校转到了南京市，更名为南京机电学校。1999年时，高等教育进行大范围扩招，需要一批高等职业学校，南京机电学校便由一个中专学校升格为南京工业职业技术学院，从1999年到2019年，进行了20年的高职专科教育。国务院在2019年出台了《职业教育改革实施方案》，决定开展本科教育试点，南京工业职业技术学院升格为本科层次的职业学校，成为全国第一家公办职业本科学校。

2017年5月5日，在中华职业教育社成立100周年之际，中共中央总书记、国家主席、中央军委主席习近平发来贺信，代表中共中央对中华职业教育社成立 100 周年致以热烈祝贺。

习近平在贺信中指出，中华职业教育社是我国成立最早的职业教育社团。在风雨如晦的旧中国，中华职业教育社本着教育救国的宗旨，致力于改革传统教育、推动职业教育发展，参与爱国民主运动，投身民族救亡，成为接受中国共产党领导、追求民主进步的爱国社团。新中国成立后特别是改革开放以来，中华职业教育社紧紧围绕党和国家工作大局，广泛联系社会各界和海内外关心支持职业教育的人士，为发展职业教育、实施科教兴国和人才强国战略、推进祖国和平统一大业作出了积极贡献。

习近平强调，新形势下，中华职业教育社要立足自身特点和优势，广泛联系和团结有志于职业教育的海内外各界人士，加强交流协作，积极建言献策，更好服务社会，不断为促进我国职业教育发展，为实现"两个一百年"奋斗目标、实现中华民族伟大复兴的中国梦作出新的更大的贡献。

时间的年轮不会因为某个人某件事而停止，只会忠实地记录下历史上的重要人物、重要瞬间。在中国的近现代教育史上，特别是职业教育发展史上，黄炎培及其创立的中华职业教育社等事业已被刻在时间的年轮上，他提出的"大职业教育主义"仍在影响着无数职业教育工作者，他所期盼的"使无业者有业，使有业者乐业"的职业教育理想正在一代又一代教育工作者的努力下变为现实。

参考书目

- 黄炎培:《黄炎培日记》(1—16卷),华文出版社,2008年。
- 黄炎培:《黄炎培教育文集》,中国文史出版社,2022年。
- 黄炎培:《职业教育论》,商务印书馆,2019年。
- 黄炎培:《八十年来》,中国文史出版社,1982年。
- 黄炎培:《延安归来》,重庆国讯书店,1945年。
- 黄炎培:《黄海环游记》,生活书店,1932年。
- 黄炎培:《川沙县志》,成文出版社,1936年。
- 许汉三:《黄炎培年谱》,文史资料出版社,1985年。
- 谢长法:《教育家黄炎培研究》,山东人民出版社,2016年。
- 田正平、李笑贤:《黄炎培教育论著选》,人民教育出版社,2018年。
- 田正平、周志毅:《黄炎培教育思想研究》,辽宁教育出版社,1997年。
- 成思危:《黄炎培职业教育思想文萃》,红旗出版社,2006年。
- 余子侠:《中国近代思想家文库·黄炎培卷》,中国人民大学出版社,2015年。
- 吴仲信:《上海中华职业教育社志》,上海古籍出版社,2007年。
- 黄嘉树:《中华职业教育社史稿》,陕西人民教育出版社,1987年。
- 唐威:《中华职业学校校史》,上海社会科学院出版社,2013年。
- 米靖:《中国职业教育史研究》,上海教育出版社,2009年。

编导手记

一分精神全为国，一寸光阴全为民

本集编导　郭奎永

我把拍摄人物纪录片，视作深入人物内心的旅程，拍摄过程就是沿着人物的人生和精神足迹一路前行。人物走过的路，是摄像机的拍摄之路。拍摄犹如蜜蜂采蜜，一路采集，一路深入，最后在剪辑台上的时间线里酿制成片。

《百年巨匠——黄炎培》的拍摄亦是如此。

1. 福州

《百年巨匠——黄炎培》拍摄之旅的第一站是福州。

2023年，一场和职业教育有关的论坛在福建船政学院举行，我们把这次论坛作为本片的引子，是有其历史意义的。福建船政交通职业学院，前身为创办于1866年的中国近代官办第一所高等实业学堂——福建船政学堂，开创了近代职业教育的先河，培养出如严复、詹天佑、邓世昌等众多的仁人志士和民族英雄。

拍摄过程中让我深有感触的一个场景，是老师如师傅带徒弟般传授福船制造技艺，已有600年历史的造船技艺，在这所院校的青年学子手中延续。要不是和他们一起置身现代化的教学楼里，我甚至不会想到这是一间现代的院校课堂，而这恰恰是职业教育的特点。

什么是职业教育？我们的拍摄也在探索和回答这个问题。

在福州的最后拍摄点是在江边的造船厂，当看到航拍无人机穿越江水时，我也找到了转场的镜头：从福州到上海，从福建船政交通职业学院到上海南洋公学，黄炎培的人生开始扬帆起航，我们的拍摄之路也就此启程。

离开福州时，春雨依旧，正是万物复苏的季节。

2. 上海

四月的上海，绿意盎然。

我们的拍摄大多和学校有关：观澜小学、浦东中学、南洋公学、中华职业学校……

拍摄中华职业学校的师生时，我感到他们的精神风貌延续着黄炎培时代的传统：学生认真勤奋，老师兢兢业业，校园干净整洁，课堂纪律严明。93岁高龄的吴仲信老校友被我们特意邀请到学校来，一开始还担心他年纪大行动不便，但老人精神矍铄，自己早早来到学校，不要人陪伴。当他在镜头前讲起黄炎培和自己的求学岁月时，神采飞扬，充满真诚的感情，对黄炎培的敬佩之情溢于言表。

拍摄完中华职业学校和吴仲信老人，我有种强烈的感受：那个时代个体的"天下兴亡、匹夫有责"的强健精神并没有消失，而在片中如何表现黄炎培一生所践行的这种精神，需要在拍摄中深入思索。

位于上海浦东新区的浦东中学，由黄炎培于1906年创办。创办浦东中学，从设计蓝图到监督施工，黄炎培都冲在第一线。所有教师的遴选、聘用，都由他把关、拍板。在浦东中学拍摄空镜时，校长追着我们讲了许许多多黄炎培和这所学校之间的故事，还拿出他写的关于这所学校历史的书送给我们。他说黄炎培的职业教育思想是从浦东开始试验并发展的。可惜，因为片子时长等关系，他的讲述没有用在片中，这也是制作这部纪录片的遗憾之处。

而上海之行最重要的拍摄场景，则是中华职教社。黄炎培认为，当时的美国经济发达主要得益于职业教育的发展，学习、引进职业教育，是解决中国教育弊端及其所导致的一系列社会问题的良方。1917年5月6日，黄炎培借助广泛的人脉，联合众多社会贤达，发起成立了中国历史上第一个职业教育团体——中华职业教育社。我在文案中写道："这是位于上海黄浦区雁荡路的中华职业教育社，走入职教社，占满整面墙的职教社48位联名发起人的头像颇为引人注目。"这是我们在职教社最先拍摄的镜头，因为太醒目了，同时也很有寓意，见证了黄炎培游走于江湖和庙堂的务实精神，也体现了人物的特点——他一生是个行动派，为职业教育理想奔波终生。

3. 昆山——南通——苏州

结束上海的拍摄，正是江南好时光，我们将依次转场昆山、南通和苏州进行拍摄。三个地方相距不远，为了节省成本和时间，我们舍弃高铁，租用货拉拉转场。我们把拍摄设备填满车厢，靠在破旧的座位上休息，车窗外闪过一个个南方地名，忽然有种江湖艺人的感觉。这也暗合了纪录片追求真实质感的精神，过于舒适的物质条件也许会让我们麻痹。

4. 南京

南京工业职业技术大学的前身是中华职业学校，专程来到南京，就是为了拍摄这所学校，可惜，学校过去的建筑都已不复存在。但惊喜的是，这个学校的展馆布置得很用心，关于学校历史的资料很是齐全，为拍摄带来了很大的便利。这就是纪录片拍摄的惊喜，总会有不期而遇的人与事。这一点在重庆拍摄时尤为明显。

5. 重庆

我们原计划只是到重庆拍摄中华职业教育社社史陈列馆，但在与馆长陈珍平交流中，我们被他对黄炎培和陈列馆的真挚感情所打动，而且他的长相和黄炎培也有几分神似，也许是他长期研究黄炎培的结果，相由心生。于是，我们决定采访这位馆长，却得到了意想不到的收获：他给我们讲述的黄炎培去世时还穿着旧衣服的那段故事，成为这部片子尤为动人的点。

6. 北京

如一只蜜蜂采蜜回蜂巢，拍摄之旅的终点是机房，是剪辑台，当把一个个素材导入时间线时，似乎又开启了一趟新的旅程。在时间线里，时间和空间融为一体，我们跟着黄炎培的人生脚步，一秒、一分钟地向前走，从上海到北京，从清末到2023年……直到走到60分钟成片。

所有的旅程都是为了走近黄炎培，倾听他灵魂的声音，凝望他的奋斗与追求，刻画他的光荣与梦想。

关于黄炎培的教育成就，片尾有句话是这样说的：黄炎培职业教育思想，精辟地论述了职业教育的宗旨、方针和功能，系统地研究了职业教育的教学方法、机制和改革方向，深刻地阐述了职业道德教育的重要性，是我国职业教育的思想宝库。

这是黄炎培的思想遗产，也是他对国家民族复兴的不懈追求之精神。

我深信，当纪录片播出后，黄炎培的这种精神会再次开启新的旅程！

图书在版编目（CIP）数据

黄炎培 / 陈宏，曾丹，郭奎永编著. -- 北京：外文出版社，2025. 4. --（百年巨匠）. -- ISBN 978-7-119-14048-3

Ⅰ. K827=7

中国国家版本馆CIP数据核字第20246RV042号

总 策 划：胡开敏　杨京岛
责任编辑：蔡莉莉　李　香
封面设计：北京夙焉图文设计工作室　子　旃
正文制版：魏　丹
印刷监制：章云天

百年巨匠·黄炎培

陈宏　曾丹　郭奎永　编著

©2025 外文出版社有限责任公司
出 版 人：胡开敏
出版发行：外文出版社有限责任公司
地　　址：北京市西城区百万庄大街24号　邮政编码：100037
网　　址：http://www.flp.com.cn　电子邮箱：flp@cipg.org.cn
电　　话：008610-68320579（总编室）　008610-68995875（编辑部）
　　　　　008610-68995852（发行部）　008610-68996185（投稿电话）
印　　刷：鸿博昊天科技有限公司
经　　销：新华书店 / 外文书店
开　　本：710mm×1000mm　1/16
装　　别：平装
字　　数：200千
印　　张：16.25
版　　次：2025年4月第1版第1次印刷
书　　号：ISBN 978-7-119-14048-3
定　　价：58.00元

版权所有　侵权必究　如有印装问题本社负责调换（电话：68996172）